DE LA

PUBLICIENNE

EN DROIT ROMAIN.

Dig. VI, 2.

DE LA PRESCRIPTION ACQUISITIVE

EN DROIT FRANÇAIS.

THÈSE POUR LE DOCTORAT.

PAR

Ernest REGNAULT.

Avocat à la Cour Impériale de Paris.

DE LA

PUBLICIENNE

EN DROIT ROMAIN.

Dig. vi, 2.

DE LA PRESCRIPTION ACQUISITIVE

EN DROIT FRANÇAIS.

THÈSE POUR LE DOCTORAT.

PAR

Ernest REGNAULT.

Avocat à la Cour Impériale de Paris.

1862

(Dig. lib. VI, t, 2.)

DE LA PUBLICIENNE.

CHAPITRE PREMIER.

NATURE ET BUT DE LA PUBLICIENNE.

La Publicienne est une action réelle, fictive, arbitraire, que le préteur a créée pour protéger celui qui, en position d'usucaper, perdait la possession de la chose, avant l'accomplissement du temps requis. Elle a avec la revendication qu'elle remplace, et l'usucapion qu'elle supplée, de trop grandes affinités pour que nous ne disions pas quelques mots de la revendication et de l'usucapion tout d'abord.

La propriété s'acquiert par deux espèces de modes bien distincts : des modes originaires, qui, comme l'occupation, ne supposent aucun droit antérieur à celui de l'occupant, et les modes dérivés, au contraire, qui, comme la mancipation, l'*in jure cessio* et la tradition, subordonnent le droit du nouvel acquéreur à l'existence du droit de propriété chez ses auteurs. Pour l'occupant qui veut revendiquer, la preuve de son droit de propriété est facile à établir, mais elle est longue et difficile pour celui qui a acquis la propriété par un mode dérivé: il doit, en effet, établir la propriété de tous ses auteurs et remonter ainsi jusqu'à un mode d'acquisition originaire. Afin d'obvier aux lenteurs et aux difficultés de cette preuve, on imagina l'usucapion, acquisition de la propriété par l'usage, qui s'accomplit par un ou deux ans au profit de celui qui a possédé sans interruption durant le temps requis et le dispense de rattacher son droit à celui de son auteur, pourvu qu'il prouve qu'il a possédé la chose pendant le temps voulu et qu'il l'a reçue *ex justa causa*. Mais ce système du droit civil offrait une lacune et des inconvénients : une lacune, en ne protégeant pas le demandeur qui avait cessé de posséder avant le temps prescrit pour l'usucapion; des inconvénients, car le propriétaire devait, pour revendiquer, fournir des preuves, qu'il lui était souvent difficile de faire. Il eût été inique, d'ailleurs, de laisser sans appui des acquisitions conformes au droit des gens; car, nous le savons, l'usucapion était destinée non pas seulement à protéger la bonne foi de ceux qui avaient reçu une chose *mancipi* ou *nec mancipi a non domino*, mais encore à compléter la tradition des choses *mancipi*, qui, même avec le fait et la volonté du propriétaire, ne transférait

que l'*in bonis* et ne permettait pas d'intenter la re-
ven lication (Gaïus, c. 11, § 41 et 43; *Inst. de Just.*,
IV, 6, § 4). La création de la Publicienne est venue
remédier à cet état de choses. Cette action, ainsi
nommée sans doute du nom du préteur qui l'intro-
duisit, suppose accomplie l'usucapion qu'elle de-
vance, et en assure tous les avantages. Sa formule,
où le demandeur est réputé avoir possédé le temps
requis, charge le juge d'examiner si, du reste, les
conditions pour le rendre propriétaire *ex jure Quiritium*, se trouvent réunies : *Judex esto : si quem
hominem Aulus Agerius emit, et is cui traditus
est anno possedisset, tum si eum hominem de quo
agitur ejus ex jure Quiritium esse oporteret, et reli-
qua* (Gaïus, IV, § 36.)

D'après tout ce qui précède, il semble bien que
dans le droit classique, l'action Publicienne devait
protéger aussi bien, et celui qui avait reçu une
chose *mancipi* ou *nec mancipi*, avec juste cause et
bonne foi *a non domino*, et celui qui avait reçu du
propriétaire lui-même, par simple tradition, une
chose *mancipi*; qu'en d'autres termes, la Publicienne devait protéger également l'*in bonis* et la
bonæ fidei possessio. Telle est du moins l'opinion
générale; cependant quelques auteurs sont venus
contester cette doctrine, et de trop grands noms
figurent dans la controverse, pour qu'elle ne mé-

rite pas de fixer notre attention. On a pensé que la Publicienne s'appliquait à la possession de bonne foi seule et non pas au domaine bonitaire; l'*in bonis* serait garanti par une autre action réelle, sur la nature de laquelle, d'ailleurs, nos adversaires sont divisés d'opinion. Ce serait, suivant les uns, la *formula petitoria.* Gaïus, (C. IV, § 92), en effet, dit-on, dans ce système, la mentionne en ces termes : *hæc est qua actor intendit rem suam esse,* sans ajouter les mots *ex jure Quiritium* qui figurent, au contraire, dans la procédure *per sponsionem* : *per sponsionem vero hoc modo agimus; provocamus adversarium tali sponsione : si homo de quo agitur ex jure Quiritium meus est, sestertios XXV nummos dare spondes* (Gaïus, C. IV, § 93). D'où l'on conclut que le *dominium ex jure Quiritium* était garanti par la *sponsio,* tandis que la *formula petitoria* protégeait le domaine du droit des gens, l'*in bonis.* L'objection nous semble mal fondée; car à ce texte on en peut opposer un autre (Gaïus, IV, § 41), où les mots *ex jure Quiritium,* figurent dans la *formula petitoria* elle-même.

Nous savons qu'on peut répondre que cette diversité dans les textes prouve que, si le demandeur pouvait bien se prétendre *dominus ex jure Quiritium,* la seule expression essentielle de la formule était *suum est.* Il n'importe d'ailleurs ; car il nous est aisé d'établir que dans les actions *in rem*, les expressions *meum, tuum, suum esse*, même sans l'addition des mots *ex jure Quiritium*, désignent toujours chez les Romains le *dominium ex jure Quiritium* exclusivement.

En veut-on la preuve? on la trouve dans Gaïus (C. IV, § 34); celui qui a obtenu du préteur la *Bonorum possessio*, ne peut pas *id quod defuncti fuit, intendere suum esse, cum prætorio jure et non legitimo succedat in locum defuncti.*

N'est-ce pas démontrer, et de reste, que *meum, tuum, suum est*, ne s'applique pas à la chose qu'on a *in bonis*, mais seulement à celle dont on a le domaine quiritaire, puisque le *bonorum possessori* qui a les choses héréditaires seulement *in bonis*, et n'en a pas le domaine quiritaire est incapable de *intendere suam esse rem defuncti* (G. C. III, § 80 et 81)? Ulpien (C., § 2, de *confessis*), et Paul (6, § 2 de *rei vindic.*), si nous voulions, nous en fourniraient d'autres preuves.

D'ailleurs, l'usucapion s'appliquait à l'un et à l'autre cas; Gaïus le dit en termes formels. Or, on convient que si le possesseur de bonne foi perdait la possession avant le temps requis, le préteur feignait l'usucapion accomplie et lui accordait le secours de la Publicienne; pourquoi donc penser qu'il l'aurait refusée à celui qui avait acquis du proprié-

lui-même, mais par simple tradition, une chose *mancipi* ? Le droit civil les considérait tous comme non propriétaires et de la même façon; on concevrait donc avec peine que le préteur eût fait une différence; leur droit entaché d'un vice pareil dût aussi recevoir un remède pareil.

Ne différant de la revendication qu'à raison du fondement sur lequel elle repose et de la preuve qu'elle exige, la Publicienne contient tout ce que contient la revendication (h. t. 7, § 8). Ainsi, on poursuivra avec elle une partie aussi bien que la totalité de la chose, les débris, les restes de la chose aussi bien que la chose elle-même.

C'est une action arbitraire; le juge, avant de condamner, ordonnera donc au défendeur, en vertu de son *arbitrium*, de restituer la chose au demandeur; le défendeur sera absous s'il fait cette restitution.

Si les points de ressemblance sont nombreux entre la Publicienne et la revendication, son analogie avec l'usucapion n'est pas moins grande; on ne doit donc pas s'étonner si, en dehors de la question de temps, sur laquelle a porté l'innovation du préteur, on retrouve maintenant pour la Publicienne les autres conditions exigées pour l'usucapion.

CHAPITRE II.

CONDITIONS REQUISES POUR L'EXERCICE DE LA PUBLICIENNE.

Ces conditions sont : la juste cause, la bonne foi,

la possession et l'absence de vices. Nous allons les examiner successivement.

SECTION I.

De la juste cause.

La juste cause est le fait qui détermine le but de la tradition et lui donne la vertu de transférer la propriété, qui dénote chez le *tradens* l'intention de faire cette translation de propriété, et autorise l'*accipiens* à la posséder comme propriétaire; il le devient, en effet, immédiatement, à moins qu'un obstacle dans la qualité de la chose ou dans le pouvoir du *tradens* ne rende l'usucapion nécessaire pour arriver à la propriété. Cette juste cause doit-elle servir de fondement à la demande ou à la tradition? c'est une question qui nous semble aisée à résoudre, quoique certains auteurs aient élevé des doutes sur ce point, et aient invoqué les mots *ex justa causa petet* de la loi 3, § 1, *h. t.*, pour soutenir que c'était la demande et non la tradition qui devait se fonder sur la juste cause. Pour nous, nous voyons là une citation tronquée; les mots *ex justa causa petet* doivent être entendus dans le sens qu'ils ont dans l'édit tout entier; aucun doute, en effet, ne peut exister dans le *pr.* de la loi 1, *h. t;* et le commentaire fait par Ulpien lui-même, dans la suite de ce § 1 de la loi 3, « *qui igitur justam causam traditionis habet, utitur Publiciana,* » et le § 36, du C. IV, de Gaïus : « *Datur autem hæc actio ei qui ex justa causa traditam sibi rem nondum usucepit eamque amissa possessione petit,* » ne peuvent laisser aucun doute, et prouvent bien que la *justa causa* doit servir de base à la tradition et non à la demande.

Toutes les fois donc (Gaïus, l. 13, *h. t. pr.*) qu'ayant acquis la possession de quelque chose en vertu d'une juste cause d'acquisition de la propriété, nous l'avons ensuite perdue, on nous donnera la Publicienne pour poursuivre cette chose. La Publicienne n'a donc pas lieu pour toute possession juste, mais pour toute possession fondée sur une juste cause d'acquisition de la propriété. Ainsi, le créancier gagiste aussi bien que celui qui s'est fait transporter la possession à précaire (D. 4, § 1 *de precar.*) ont une juste possesssion; mais comme en se faisant transférer la possession, ils n'ont pas entendu acquérir un droit de propriété, et reconnaissent même ce droit de propriété dans la personne d'un autre, ils ne sont admis ni à l'usucapion, ni à la Publicienne. De même encore, si une épouse livre, pour cause de donation, une chose à son époux, celui-ci n'aura pas la Publicienne, parce que la propriété ne peut pas être transférée d'un époux à l'autre *donationis causa*. Entre fiancés, au contraire, la tradition faite pour la même cause vaudrait pour la Publicienne ; car, entre fiancés, les donations ne sont pas interdites.

Le legs, si, de bonne foi, le légataire s'est mis en possession de la chose qui lui a été livrée *a non domino*, constituera aussi une juste cause ; la donation à cause de mort également. Sur cette dernière, de grands doutes s'élèvent sur le point de savoir si elle transfère, comme le pense Cujas (observ. X, 28), ou non, comme nous inclinerions à le croire, la propriété sans tradition ; quoiqu'il en soit, dénotant l'intention de transférer la propriété, elle peut bien fonder la revendication prétorienne, comme elle fonde la revendication civile.

Remarquons toutefois qu'il y a deux sortes de donations à cause de mort : la *donatio pura quæ sub conditione resolvitur*, ou sous condition résolutoire, comme nous le dirions aujourd'hui, et la donation sous condition suspensive, et qu'entre elles il importe de distinguer quant au moment où la juste cause existe. Dans la donation sous condition suspensive, le donataire de la propriété n'est investi de la propriété qu'à la mort du donateur ; la possession utile pour la Publicienne ne commence donc pas du vivant du donateur, si la chose a été livrée *a non domino* ; car il manque un élément nécessaire, la juste cause. Dans la donation sous condition résolutoire, au contraire, il y a une juste cause qui, par suite de la tradition, produit ses effets immédiatement.

Celui qui a reçu la livraison d'une chose à titre de dot (h. t., L. 3, § 1), et qui ne l'a pas encore usucapée, peut user de la Publicienne, que la chose ait été estimée ou non ; seulement, s'il y a eu estimation, le mari possédera et usucapera *pro emptore*, et, le cas de restitution échéant, il devra le prix et non la chose qui est en dot ; si, au contraire, elle n'a pas été estimée, il possédera et usucapera *pro dote*, et, en cas de restitution, il sera redevable de la chose et non du prix ; dans les deux hypothèses, du reste, il aura la Publicienne.

La tradition d'une chose *ex causa judicati* constitue également une juste cause (h. t., L. 3, § 1). Mais dans quels cas peut-on dire qu'une chose a été livrée *ex causa judicati* ; dans quels cas, un jugement constitue-t-il une juste cause ? Sur ce point, nous rencontrons des difficultés sérieuses. On a soutenu, d'une façon générale, que le jugement constituait une juste cause ; certains auteurs ont cru voir dans tout jugement les éléments nécessaires pour constituer des droits à l'usucapion et à la Publicienne ; cette opinion nous semble difficile, sinon impossible, à soutenir. En effet, le jugement est déclaratif, non translatif de droit; la chose jugée n'est pas la source; elle n'est que la preuve d'un droit; elle proclame un titre, un droit préexistant, mais elle ne le crée pas. Non, le titre d'acquisition n'est pas là; pour le rencontrer, il faut remonter jusqu'au titre primitif que le jugement est venu sanctionner. Les arguments de texte que l'on nous objecte nous semblent peu concluants. On argumente de l'analogie du jugement avec la transaction; on invoque les lois 8 au C., *de usucap. pro empt.*, et 20, D, *de usurp. et usucap.*; la transaction y est représentée, il est vrai, comme une juste cause de possession pour l'usucapion; mais, avec le cas qui nous occupe, l'analogie n'est pas exacte. Dans la transaction, chacun fait un sacrifice de quelque droit qu'il a ou croit avoir; il y a toujours une intention de transférer la propriété, qui n'existe jamais chez le défendeur qui succombe dans la revendication. On nous oppose encore la loi 33, § 3, *de usurp. et usucap.*; l'argument tiré de cette loi se réfute par cette loi elle-même. Un possesseur, menacé de revendication, cède son fonds; il reconnaît donc le droit de son adversaire; il ne peut avoir l'intention de lui transférer un droit de propriété, et cependant Julien nous présente cette cession comme une juste cause d'usucapion; pourquoi n'en pas dire autant, nous dit-on, du cas où le défendeur restitue la possession au demandeur, en vertu d'un jugement? A cela, nous répondrons qu'il y a là une transaction, un sacrifice fait pour éviter un procès, et nous invoquons, à l'appui de cette opinion, le second exemple du même texte, où les mots *cedere possessione* sont suivis de *si solvendi causa id fecerit*, ce qui indique bien que cette cession a pour but de transférer la propriété, puisque c'est le seul moyen d'acquitter une obligation contractée par stipulation. *Cedere possessione* ne signifie donc pas restituer la possession, comme le fait le défendeur qui succombe dans la revendication, mais céder la possession pour transférer la propriété.

Mais alors dans quelle hypothèse le jugement constitue-t-il une juste cause? Ce sera dans les actions personnelles qui toutes donnent lieu à une condamnation pécuniaire. Le défendeur, il faut le supposer, a payé avec des écus qui ne lui appartenaient pas, ou a donné au demandeur, de son consentement, la chose d'autrui. Le demandeur de bonne foi pourra usucaper et usucapera *pro judicato*. Ce sera également dans les cas où, dans l'action réelle, le défendeur, faute de restitution, sera condamné à l'estimation de la chose; ainsi dans quelques actions de bonne foi comme l'action *empti*, ou arbitraires comme l'action *quod metus causa*. Dans ces actions, le juge déclare le défendeur obligé de transférer la propriété d'une chose, lui ordonne d'exécuter cette obligation, et ne le condamne qu'au cas où il n'a pas exécuté l'ordre rendu en vertu de l'*arbitrium* ou du pouvoir que laisse au juge la mention *ex bono et æquo* des actions de bonne foi. Si donc, en pareil cas, le défendeur, pour éviter la condamnation, livrait la chose elle-même, le demandeur commençait bien à posséder *ex causa judicati*, et il avait droit à la Publicienne. Telle est, selon nous, l'explication la plus plausible des derniers mots de la loi 3, § 1; explication, toutefois, qui restreint à des cas particuliers une disposition que le texte semble présenter comme générale.

Il y a une juste cause dans la tradition faite *solvendi causa* (h. t., L. 4); et peu importe qu'on ait livré la chose même qui était due, ou une autre agréée en remplacement par le créancier (L. 46, *de usurp.*); peu importe enfin que la créance ait ou non existé, dès lors qu'on a cru à son existence; car la tradition faite en vertu d'une cause qu'on a crue vraie suffit pour vous autoriser à posséder *pro suo* ce qui vous a été livré (h. t., L. 5, D., L. 3, *pro suo*).

La *noxæ deditio* constitue également une juste cause de tradition (h. t., L. 5). L'abandon de l'esclave fait par le possesseur de bonne foi pour se dispenser de payer la réparation du délit commis par l'esclave, ou la prise de possession par ordre du préteur *ex causa noxali* (h. t. L. 6), quand le maître ne défend pas son esclave, permettra au nouveau possesseur d'usucaper, et partant d'exercer la Publicienne.

De cette *ductio* nous rapprocherons l'envoi en possession par le second décret du préteur *ex causa damni infecti*. C'est encore une juste cause de possession. (D., L. 15, §§ 16 et 18, § 15, *de damni infecti*. Une maison menace ruine, et le propriétaire refuse de donner caution de réparer le dommage que pourrait causer sa chute; le préteur alors, par un premier décret, envoie le propriétaire de la maison voisine en possession *custodiæ causa*, et après quelque temps l'autorise à posséder par un second décret; mais il ne peut que le mettre en position d'usucaper; et en attendant l'usucapion, il lui donne la Publicienne.

Celui à qui une chose a été *adjugée*, a aussi une juste cause pour intenter la Publicienne (h. t., L. 7, pr.). Dans les trois actions divisoires, le juge a le pouvoir de transférer la propriété de la chose qu'il adjuge; l'adjudicataire devient dès lors propriétaire exclusif de la chose auparavant commune. Si donc l'action en partage s'était engagée par erreur sur des fonds appartenant à autrui, l'usucapion serait accordée à l'adjudicataire, et par suite la Publicienne.

Dans le droit antérieur à Justinien, l'adjudication devait également fournir une juste cause de possession quand, au lieu d'être prononcée dans un *judicium legitimum*, elle l'était dans un *judicium quod imperio continetur*. Il paraît résulter, en effet, de la loi 44, D., § 1, *fam. ercisc. et Vatic. fragm.*, § 47, qu'une telle adjudication ne transférait pas le *dominium ex jure Quiritium*, mais mettait seulement la chose *in bonis;* dès lors nécessité de l'usucaper pour en devenir propriétaire, et, par suite, possibilité de la Publicienne.

Celui qui offre *l'estimation du procès,* ou y est condamné faute de restituer la chose revendiquée, est censé avoir acheté la chose (h. t., L. 7, § 1); il la possède *pro emptore,* et deviendra propriétaire par l'usucapion si elle est *res mancipi* ou appartient à un tiers : il aura donc la Publicienne. Si cette restitution ne peut se faire par sa faute, l'assimilation à une vente n'en subsiste pas moins (D., 47 et 63, *de rei vindic.*); mais en cas de dol, l'estimation fixée par ce *jusjurandum in litem* n'est plus assimilée à un prix d'achat, mais à une peine; et le défendeur ne pourra se faire donner caution par le demandeur de lui céder les actions *in rem* ou *ad exhibendum* qu'il a, à raison de cette chose (D., 1. 60, *de rei vindic.*).

Celui qui a acheté d'un fou (h. t. 7, § 2), ignorant la démence de son vendeur, peut usucaper, et par suite exercer la Publicienne; car l'erreur plausible de fait équivaut à l'existence même d'une juste cause. Remarquons, toutefois, la contradiction formelle de la loi 2, § 16, *pro emptore*, de Paul, avec notre texte d'Ulpien. On a en vain essayé de concilier ces deux textes; on a dit que l'acheteur n'aurait de juste cause que vis-à-vis des tiers; car, dit-on, entre le vendeur et l'acheteur, la vente est nulle, et par suite l'acheteur ne pourra opposer la réplique *rei venditœ et traditœ* à l'exception *justi dominii*, actionner son vendeur en garantie, pour cause d'éviction, ni joindre la possession de celui-ci à la sienne propre.

Celui qui a reçu une chose pour quelque cause lucrative (h. t., 7, 53), a la Publicienne. Le donataire l'a même contre le donateur; à l'exception *justi dominii*, il opposera la réplique *rei donatœ et traditœ*.

Si quelqu'un a acheté d'un mineur, qu'il ignorait être tel, il a la Publicienne (h. t., 7, § 4). Si le mineur n'avait pas de curateur, il pouvait s'obliger et aliéner; dès lors rien de plus naturel que de trouver une *justa causa* dans ce contrat passé avec lui. Mais s'il avait un curateur, il ne pouvait consentir une vente valable; aussi, dans ce cas, l'acheteur n'avait-il la Publicienne qu'en vertu du principe de la juste cause putative.

Le *serment* (h. t., L. 7, § 7) constitue également une juste cause au profit du défendeur qui a juré que la chose était sienne. L'effet de ce serment reste, bien entendu, renfermé entre les parties; l'action ne peut être intentée que contre le demandeur et ses successeurs (D., L. 0, § 7, *de jure jur.*); mais quelle sera cette action ? Ulpien, autre part (D., L. 11, § 1, *de jurejur.*), l'appelle une action *in factum*. Le juge aura à examiner le point de fait si le demandeur a prêté le serment déféré par son adversaire, s'il a juré que cette chose était sienne. Cette action, comme l'action primitive *in rem*, qu'elle vient suppléer, procure la restitution de la chose, les fruits et autres accessoires. Elle produit les mêmes résultats que la Publicienne; aussi, dans notre texte, Ulpien lui-même en a donné le nom.

L'acheteur de bonne foi a une juste cause de possession (h. t., l. 7. § 11); mais la vente a cela de particulier que l'achat en vertu duquel se fait la tradition, doit avoir vraiment existé (D., l. 2. pr. *pro emptore*). Cette différence de droit avait amené une différence d'expression : dans la suite, la tradition faite par le vendeur constituait une possession *pro emptore*; dans tout autre contrat elle constituait une possession *pro soluto*. La raison de cette différence nous semble être celle-ci : la vente, dans le droit primitif, fut un mode de transférer la propriété plutôt qu'un mode de contracter une obligation. Elle se faisait alors par la mancipation, qui transférait la propriété sans la tradition. La tradition faite par suite d'une vente, ne constituait donc pas un payement, mais remettait seulement à l'acheteur la posssession d'une chose qui lui appartenait déjà. On conçoit donc qu'en l'absence d'une vente véritable, il n'y ait pas de juste cause possible. L'édit ne parle pas de prix payé; d'où il semble, nous dit Gaïus (h. t., L. 8), que la pensée du préteur n'était pas qu'on dût examiner si le prix avait été acquitté ou non. Toutefois, rien ne prouve que ce fût là la décision à laquelle s'arrêta Gaïus, et les textes des jurisconsultes classiques semblent même prouver que ce n'était point là l'opinion dominante (D. 72, *de rei vindic.*; 4, § 32 *de doli mali et met. exc.*; 2. *de exc. rei vind.*). Le payement du prix, en effet, est une condition essentielle pour que l'acheteur qui n'a pas obtenu crédit puisse acquérir la propriété par l'usucapion, quand la tradition n'a pas pu la lui transférer à l'instant (D. 19 et 53, *de contr. empt.*). De plus, pour l'usucapion et la Publicienne. il ne suffit pas d'avoir acquis la possession, il faut avoir cru devenir propriétaire; or, quand on n'a pas payé le prix, et que le vendeur n'a pas suivi votre foi, il est impossible qu'on se croie devenu propriétaire (h. t., L. 7, § 17).

La tradition faite malgré le maître par un procureur (h. t. L. 14) ; qui avait vendu avec son consentement, est une juste cause pour la Publicienne,
si l'acheteur vient à perdre la possession. Il est bien
entendu que l'acheteur a payé, ou est prêt à payer
son prix, ou qu'il a obtenu crédit; car autrement la
défense de livrer la chose, faite avant le payement
du prix, paralyserait l'exception *rei voluntate venditæ* que l'acheteur opposerait au propriétaire.

La vente d'une hérédité constitue une juste cause
de possession, au point de vue même de chacun des
objets particuliers de cette hérédité (h. t. L. 9; § 3).
Il y avait eu doute sur ce point, parce que dans la
vente d'une hérédité, l'objet vendu, c'est l'universa-
lité et non chacune des choses héréditaires en particulier; mais on a pensé que la Publicienne devait
compéter en pareil cas; car, en vendant l'hérédité,
l'héritier a vendu tout ce qui lui appartenait comme
héritier, ni plus ni moins, et est obligé de livrer à
l'acheteur les choses héréditaires.

Remarquons, en terminant, que cette juste cause
n'a pas besoin d'être réelle : il suffit de prouver
qu'on a été induit en une erreur plausible, ou qu'on
s'est trouvé dans des circonstances telles qu'un
homme sensé a pu croire à l'existence d'une juste
cause (5. L. 9, *pro legatis*). Toutefois cette question
a été longtemps débattue entre les urisconsultes

romains, ainsi que le prouvent les dissidences des lois 27, *de usurp. et usucap.*; 21, *pro donato*; 11, *pro emptore*; 3, 5 et 1 *pro suo.*

SECTION II

De la bonne foi.

La seconde condition exigée pour l'exercice de la Publicienne, c'est la bonne foi. Parfaitement distincte de la juste cause, la bonne foi n'est pas la croyance que l'on est soi-même propriétaire, c'est la croyance que celui qui livre la chose a le droit de transférer la propriété, soit comme propriétaire, soit comme fondé de pouvoir du propriétaire (D. 109, *de verb. signif.*). Gaïus (c. 2, § 43) en fait deux conditions de la Publicienne. Ulpien, dans notre titre (L. 7, § 11 et 16), les commente séparément, et tout fait présumer que l'édit du préteur devait en contenir la double mention. Il y aura donc deux preuves à faire.

L'acheteur, pour intenter la Publicienne, doit avoir été de bonne foi (h. t., L. 7, § 15); mais il n'est pas nécessaire que le vendeur le fût aussi; son dol ne nuit point à l'acheteur, à moins qu'il n'imprime à la chose le vice de *res furtiva*, et la rende ainsi non susceptible d'usucapion et d'action Publicienne.

Mais ce n'est pas là une condition qui doive accompagner la possession dans toute sa durée,
comme lorsqu'il s'agit de l'acquisition des fruits. Il
suffit d'avoir été de bonne foi au moment de la tradition; la mauvaise foi qui survient après la prise
de possession n'empêche ni l'usucapion ni la Publicienne. Ainsi, on peut avoir succombé dans la revendication, avoir ainsi acquis la certitude qu'on
n'était pas propriétaire, et conserver néanmoins la
faculté d'exercer la Publicienne (L. 39, § 1, *de evict.*).
Cependant nous devons signaler à cette règle plusieurs exceptions (h. t., L. 7, § 17, et L. 48, *de
usurp. et usucap.*). Ainsi, dans la vente, au lieu de
ne tenir compte, comme dans les autres contrats,
que du moment du payement, sans se préoccuper
du moment de la stipulation, on exige la bonne foi
au moment où se fait la vente et au moment de la
tradition. C'est là une différence importante; quelle
en est la raison ? C'est que l'édit sur la Publicienne,
comme les lois sur l'usucapion, mentionnait la
bonæ fidei emptio, indépendamment de la mention
générale de la *traditio ex justa causa*. Il est vrai que
la loi 1 (pr. h. t.), qui donne la formule de l'édit,
ne contient pas la mention que nous signalons;
mais ce fragment ne donne pas le texte pur d'Ulpien;
il a été remanié par Tribonien, qui l'a mutilé; nous
n'en voulons d'autre preuve qu'un autre fragment,

tiré d'Ulpien également (h. t., L. 7 , § 11), où ces mots sont reproduits formellement comme faisant partie du texte même de l'édit. Cette rédaction nous semble expliquer la nécessité de la bonne foi au moment de la vente. Une autre raison, que nous avons déjà signalée, c'est que dans le principe, la vente n'était qu'un mode de translation de propriété et se faisait par la mancipation, laquelle transférait la propriété sans tradition. La bonne foi était exigée au moment de la tradition, suivant la règle générale, et, de plus, au moment de la vente, car la bonne foi était de rigueur au moment où l'on acquérait la propriété, si ce vendeur était véritable propriétaire. Cette question, d'ailleurs, paraît avoir divisé les jurisconsultes des deux grandes écoles; nous avons rapporté l'opinion des Sabiniens qui semble avoir prévalu (D. , L. 10 , *de usurp.* et *usucap.*).

Quelques auteurs vont même plus loin: ils exigent la bonne foi au moment où la Publicienne est intentée; et à l'appui de cette opinion, ils invoquent la loi 7 , § 17, h. t. Ils font rapporter *tunc* au mot *experiri* qui précède, et en concluent que l'acheteur doit être encore de bonne foi à une troisième époque, au moment où il intente l'action. Cette interprétation qui nous semble inexacte, a ce grand tort de mettre Ulpien en contradiction avec lui-même. Ulpien, en effet, (h. t. L. 7, § 14) nous dit dans la même loi que la Publicienne se rapporte au temps de l'achat, et que ni le dol qui l'a précédé ni le dol qui l'a suivi ne doit être pris en considération. N'est-ce pas dire implicitement que la bonne foi n'est pas de rigueur au moment où l'action sera intentée? Et on ne saurait croire que dans la même loi Ulpien aurait ainsi modifié son sentiment et se fût donné de la sorte un démenti. D'ailleurs, qu'on lise le § 16 de notre loi, on verra qu'Ulpien, résumant sa doctrine, ne mentionne pas la nécessité de la bonne foi à cette troisième époque. Nos adversaires nous objectent encore la loi 11, § 4, h. t. Ulpien y dit : Quelquefois pourtant, encore bien que la mère volée n'ait pas été vendue, mais donnée à moi qui l'ignore, si elle a conçu et est accouchée chez moi, la Publicienne me compète pour le part, *si eo momento quo experiar*, j'ignore que la mère a été volée. Une correction proposée par Cujas, ferait cesser la contradiction entre ce texte et les précédents. Mais la substitution des mots *et pariat* au mot *experiar* est rendue impossible par le texte formel des Basiliques et la paraphrase de Stéphane.

Il nous faut donc conserver le texte tel quel, et rechercher quelle peut être la cause de cette disposition. Il s'agit ici d'une règle spéciale à l'usucapion *pro donato*. Pour les choses reçues à titre gratuit, quelques jurisconsultes exigeaient la persistance de la bonne foi pendant tout le temps de l'usucapion (C. L. 1, *de transf. usucap.*), et c'est sans doute par application de cette doctrine sur l'effet interruptif de la mauvaise foi survenue pendant le cours d'une possession commencée à titre gratuit, que notre loi 11, § 8, renferme ces mots : *eo momento quo experiar.* C'est là une particularité de l'usucapion *pro donato*, comme la nécessité de la bonne foi lors du contrat pour la possession *pro emptore.*

Nous avons vu les cas où la possession est acquise par l'acheteur lui même; il peut se faire qu'elle lui soit acquise par le fait d'un tiers. La bonne foi de ce tiers est toujours nécessaire, pour qu'on puisse intenter la Publicienne; sa bonne foi même ne suffit pas ; il faut, en outre, la bonne foi du représenté; en effet, il ne pourra profiter de la bonne foi du tiers, son esclave ou son fils, qu'autant que lui-même sera de bonne foi, au moment où commencera la possession *ad usucapionem*; ce moment variera, bien entendu, suivant que l'acquisition aura été faite *peculiari nomine,* ou *domini vel patris nomine.*

L'héritier ou tout autre successeur universel, tel qu'un *bonorum emptor,* prend la place du défunt et continue sa possession : il sera de bonne ou de mauvaise foi suivant que son auteur aura lui-même commencé la possession avec bonne ou mauvaise foi. La Publicienne sera, par conséquent, accordée ou refusée, sans qu'on tienne compte du sentiment propre de l'héritier; on ne s'attachera qu'à celui du de cujus, (L. 7, § 12.)

SECTION III.

Nécessité de la possession.

Une troisième condition est exigée pour la Publicienne : c'est la possession; toutefois, c'est une question controversée.

Quelques auteurs pensent que dans les cas où, sans avoir pris possession, vous auriez acquis la propriété et un droit à la revendication, si votre auteur eût été propriétaire, vous aurez de même, sans être entré en possession, droit à la Publicienne, si votre auteur n'étant pas propriétaire, vous l'avez cru tel. Le préteur, il est vrai, ajoutent ces jurisconsultes, en ne mentionnant dans son édit que la tradition et l'usucapion, semble n'avoir permis la Publicienne qu'à celui qui s'est trouvé en position d'usucaper. Mais de ce que le préteur n'a prévu que les cas les plus ordinaires, doit-on conclure qu'il refuse ce secours à ceux qui auraient eu sujet de se croire propriétaires par un autre mode d'acquisition ? D'autres, au contraire, exigent pour l'exercice de la Publicienne la tradition effective de la chose, ou au moins une prise de possession non vicleuse. Papinien (D. 8, *pro legato*) nous dit, en effet : « *si non traditam possessionem sine vitio ingrediatur legatarius, legatæ rei usucapio competit.* » Le légataire peut s'être mis lui-même en possession, mais d'accord avec l'héritier: car autrement l'interdit *quod legatorum* pourrait le contraindre à lui restituer la possession; il est bien entendu que pour assimiler cette prise de possession à une tradition, il faut que l'héritier lui-même soit entré en possession. Cette dernière opinion nous semble préférable; elle s'appuie sur le principe même qni sert de base à la Publicienne. Elle se fonde, en outre, sur de nombreux textes du Digeste. Nous lisons dans notre titre (L. 1) : « *ait prætor; si quis id quod traditur ex justa causa non a domino et nondum usucaptum petet, judicium dabo.*» Nous voyons encore dans la loi 7, § 16, h. t., : «*ante traditionem quamvis bonæ fidei quis emptor sit, experiri Publiciana non poterit.* » La fiction même sur laquelle repose la Publicienne est une preuve du point que nous avançons : « *Judex esto: si quem hominem A. A. et, emit, is ei traditus est, anno possedisset, tunc si eum hominem de quo agitur ejus ex jure Quiritium esse oporteret.* » Gaïus (C. IV. § 36) dit, en parlant de cette action: *fingitur rem usucepisse, et ita quasi ex jure Quiritium dominus factus esset,* » et Justinien (Instit. IV, 6 § 4) : « *inventa est a prætore actio in qua dicit is, qui possessionem amisit, eam rem se usucepisse, et ita vindicat suam esse.* » La base de la Publicienne est donc, on le voit, une usucapion tenue pour accomplie; or, la possession est la base de l'usucapion; « *sine possessione usucapio contingere non potest.* » (D. 25 *de usurp. et usucap.*). Gaïus n'est pas moins formel (C. 11, §§ 41 et 43). Comment donc admettre que la possession n'est pas rigoureusement exigée pour intenter la Publicienne ?

On invoque d'abord la loi 15 h. t., où Pomponius décide que si mon esclave, pendant qu'il était en fuite, a acheté une chose *a non domino*, la Publicienne devra me compéter, « *licet possessionem rei traditæ per eum nanctus non sim.* » Pothier, pour éclaircir ce texte, donne deux explications différentes, qui nous semblent inadmissibles; nous préférons, avec Cujas et Savigny, répondre que dans la phrase citée, le mot *possessio* doit s'entendre de la possession naturelle, de la détention corporelle; car Paul (D., L. 1, § 14, *de acq. vel. amitt. poss.*) nous atteste que nous possédons l'esclave qui s'est enfui, tant qu'un autre ne le possède pas, et ajoute que *utilitatis causa*, il a été admis qu'on acquerrait par lui la possession et l'usucapion; on décidera donc que la Publicienne compète ici, non pas quoique le maître ne possède pas, mais quoique à raison de son éloignement, il n'ait pas eu la détention naturelle. On invoque en outre la loi 1, § 2, h. t., qui nous parle du legs. Mais ce texte ne prouve rien; car il se continue dans la loi 2, où on lit : « *amissa possessione, competit Publiciana;* » et loin de nous être défavorable, il militerait plutôt en faveur de notre opinion.

On argumente aussi des mots *non admissus* de la loi 18, § 15, *de damno infecto.* Ici encore on interprète mal le texte; il faut ne pas s'en tenir à un mot isolément, mais voir l'ensemble; or, la loi parle de quelqu'un qui a commencé à posséder, et on ne doit pas oublier que l'interdit *unde vi*, accordé par cette loi, exige, pour être exercé, la possession comme condition indispensable. D'ailleurs, qu'on rapproche de ce texte la loi 3, § 14, *de vi*, et on verra que *non admissus* s'entend non pas de quelqu'un qu'on a empêché d'entrer, mais de quelqu'un qu'on empêche de rentrer dans ce fonds, ce qui abonde encore dans notre sens.

On peut encore invoquer la loi 12, § 1, h. t., qui décide que celui à qui une hérédité a été restituée en vertu du sénatus-consulte Trébellien, bien qu'il n'ait pas obtenu la possession; peut user de la Publicienne; mais on ne saurait conclure de là qu'on puisse, sans avoir eu la possession, user de la Publicienne; cette phrase de Paul n'est que l'applica-

tion du principe consacré par la loi 7, § 9, h. t.,
qui déclare que la Publicienne compète à l'héritier
et aux successeurs prétoriens. Si le défunt était en
voie d'usucaper et pouvait user de la Publicienne,
ce droit passera au fidéicommissaire auquel l'héritier aura restitué l'hérédité.

Que si on argumente de la loi 9, § 6, h. t., qui
donne la Publicienne à l'héritier pour recouvrer la
chose achetée, possédée, puis perdue, pendant que
l'hérédité était jacente, par un esclave héréditaire,
et aux habitants d'un municipe à l'esclave desquels
une chose a été livrée, quoique les municipes ne
possèdent pas, nous répondrons que ce n'était que
jure singulari que l'usucapion avait été admise et la
Publicienne étendue à de semblables cas. Papinien
nous le dit formellement (D., L. 44, § 3, *de usurp.*)
La Publicienne, ici comme toujours, partage les
destinées de l'usucapion, et, s'il en était autrement,
si la Publicienne pouvait s'exercer sans que l'on eût
possédé, que signifierait ce texte où Paul (L. 12,
§ 7, h. t.,) nous dit qu'il suffit d'avoir possédé un
instant pour intenter régulièrement la Publicienne,
alors qu'on pourrait le faire, selon nos adversaires,
sans même avoir possédé du tout ? Pourquoi d'ailleurs tous nos textes relèveraient-ils avec tant de
soin qu'il y a eu possession ou qu'elle a été perdue
(h. t., L. 2, 6, 7, § 7, 12 *pr.*)? Pourquoi enfin Né-

ratius (h. t. 17) aurait-il dit que, la Publicienne a été introduite, pour que celui qui, de bonne foi, a acheté une chose et en a acquis la possession l'eût de préférence? C'est qu'aux yeux des jurisconsultes, la possession était une des conditions essentielles exigées pour la Publicienne.

Toutefois, il n'est pas nécessaire qu'on ait acquis la possession par soi-même (h. t., L. 7, § 10); il suffira de l'avoir acquise par un autre, ainsi un esclave, un fils de famille. Peu importe que les acquisitions aient été faites *peculiari* ou *domini nomine*; seulement le point de départ de l'usucapion sera différent. Ainsi, si l'esclave a acheté *ex causa peculii*, l'usucapion commence immédiatement, même à l'insu du maître; si, au contraire, l'achat a été fait *domini nomine*, l'usucapion ne saurait commencer avant qu'il ait eu connaissance de cette acquisition.

Cette possession peut encore être acquise par un mandataire, un gérant d'affaires, un tuteur, un curateur.

La mise en possession suivra le plus souvent le contrat qui oblige à transférer la propriété; mais enfin il pourrait arriver qu'il y ait eu *nuda traditio*. Cette tradition servira néanmoins pour l'usucapion et la Publicienne, seulement à partir du moment où la vente aura eu lieu (h. t., 9, § 2, et 13, pr.).

Nous n'en dirons pas davantage de la possession ; nous n'avons voulu l'envisager que comme condition indispensable pour l'exercice de la Publicienne.

SECTION IV.

Absence de vices.

Nous avons examiné trois conditions requises pour l'exercice de la Publicienne : la juste cause, la bonne foi, la possession ; à ces conditions une quatrième doit être ajoutée : il faut que la chose soit susceptible d'usucapion. En effet, la Publicienne supposant l'usucapion accomplie, on ne pourrait concevoir que cette fiction s'appliquât à une chose non susceptible d'une usucapion véritable ; ce principe, que la raison nous eût enseigné à défaut de droit écrit, est consacré par un texte formel de notre titre (h. t., 9, § 5), qui refuse cette action pour les choses qui ne peuvent être usucapées. Ainsi, elle ne s'applique ni aux choses mobilières *mancipi* ou *nec mancipi* qui ont été volées, ni aux choses immobilières, telles que les fonds italiques dont on a pris possession par violence, ni à l'esclave fugitif, car il est réputé s'être volé lui-même à son maître et est tenu pour une *res furtiva*.

Le part d'une esclave volée (h. t., 11, § 2) est aussi une *res furtiva*, quand l'esclave était déjà enceinte lors du vol, ou l'est devenue chez le voleur, qu'elle accouche chez lui ou chez un possesseur de bonne foi. Si la conception a eu lieu chez l'héritier, l'usucapion est impossible, l'héritier ignorât-il le vice de la chose; car il succède à tous les inconvénients de la position du voleur. Mais l'acheteur de bonne foi qui, dans ces circonstances, aurait traité avec cet héritier, posséderait cet enfant utilement pour la Publicienne, et *a fortiori* si l'esclave volée avait conçu chez lui. Cette esclave même accoucherait chez un nouveau possesseur, et l'acheteur de bonne foi n'aurait pas, par conséquent, possédé l'enfant, qu'il pourrait encore exercer la Publicienne. Il a possédé la mère, cela suffit, bien que cette mère, comme *res furtiva*, ne pût être l'objet de l'action Publicienne.

Ce qui a été dit du part de l'esclave volée doit s'appliquer au part de ce part; ainsi l'enfant de la fille de l'esclave volée, conçu et né chez le voleur, ne pourrait être usucapé par un acheteur de bonne foi, car cet enfant est *res furtiva;* mais il pourrait donner lieu à l'usucapion et à la Publicienne, s'il avait été conçu chez ce possesseur de bonne foi.

Le croît des animaux, à la différence du part des esclaves, est considéré comme fruit; dès lors, et en vertu des règles générales sur l'acquisition des fruits, il appartient au possesseur de bonne foi, sans avoir besoin d'être usucapé, dès le moment même de sa naissance. Remarquons toutefois qu'Ulpien (D., 48, § 5, *de furtis*) exige la conception chez le possesseur de bonne foi pour le croît des animaux aussi bien que pour le part des esclaves pour qu'on puisse arriver à l'usucapion. Paul, au contraire, (D., 48, § 2, *de adq. rer. dom.*, et 4, § 19, *de usurp.*) les assimilant à des fruits, n'attache aucune importance à l'époque de la conception, et considère seulement le moment de la séparation. L'opinion de Paul, qui est tout-à-fait en harmonie avec les principes sur l'acquisition des autres fruits tels que la laine, le lait, etc., paraît avoir prévalu.

Les choses du fisc et de l'*ærarium* ne sont susceptibles ni de l'usucapion ni de la Publicienne, à moins pourtant que les biens vacants n'aient été livrés au possesseur de bonne foi avant la dénonciation au fisc (D., L. 18, *de usurp.*)

Les choses incorporelles, telles que l'usufruit et les servitudes urbaines ou rurales, ne sont pas, dans la rigueur du droit, susceptibles de possession, ni par conséquent propres à devenir l'objet de l'usucapion ou de la Publicienne. Mais on sait que peu à peu on arriva à considérer l'usufruit et les servitudes urbaines et rurales comme susceptibles d'une quasi-possession. Le préteur trouva dans la quasi-possession de ces droits toutes les conditions propres à conduire à l'usucapion, et accorda la Publicienne, bien que le droit civil, dans sa rigueur, en ait interdit l'usucapion (L, t., L. 11, § 1.)

Les choses non susceptibles de propriété échappent à l'usucapion comme à la Publicienne. Ainsi la Publicienne, non plus que l'usucapion ne s'appliquera jamais aux choses communes, publiques, saintes, sacrées, ni aux hommes libres.

On sait que le *jus agri vectigalis* et le *jus superficiei* n'étaient pas susceptibles d'usucapion. Lorsqu'ils étaient troublés, les possesseurs de ces droits n'avaient qu'une seule ressource, c'était de s'adresser au *Dominus*, au propriétaire du sol par l'action *ex conducto*, pour se faire maintenir en possession.

On aurait donc dû, suivant le droit strict, ne point leur accorder la Publicienne. Mais, en définitive, ces possesseurs réunissaient toutes les conditions ordinaires de l'usucapion, et s'ils n'usucapaient pas, cela tenait à des règles subtiles, et non à un de ces vices attachés à la chose, comme le cararactère furtif. Le préteur prit en considération la situation de ces possesseurs, et d'une manière équitable leur accorda l'action publicienne (h. t., 12, § 2 et 3).

La Publicienne, pas plus que l'usucapion, ne peut être accordée pour les choses qu'une loi ou une constitution a défendu d'aliéner : une loi, comme la loi *Julia*, par exemple, relative au fonds

dotal; une constitution, comme celle de Septime-
Sévère et de Caracalla, qui interdisait aux coupables
de lèse-majesté, de concussion et de quelques autres
crimes, de rien aliéner de leurs biens pour les
soustraire ainsi à la confiscation. Nous citerons encore les choses *mancipi* des femmes pubères sous
la tutelle de leurs agnats (Gaïus 11, § 46), à moins
qu'elles n'eussent été livrées *auctore tutore*, et ces
prædia rustica ou *suburbana* des pupilles, dont
l'aliénation était prohibée par un sénatus-consulte
du temps de Septime-Sévère, à moins qu'un décret
du préteur n'en prononçât la nécessité (D., L. 1,
de reb. eor. qui., pr., § 1, 2)

CHAPITRE III.

QUI PEUT INTENTER LA PUBLICIENNE ?

La Publicienne se donne :

1° A celui qui, après avoir reçu, en vertu d'une
juste cause, une chose *mancipi* ou *nec mancipi*, *a
non domino*, a commencé à usucaper, puis vient à
perdre la possession.

2° Dans le droit classique, à celui qui a reçu,
par simple tradition, du propriétaire, une chose
mancipi.

3° On l'accorde encore à celui qui possède une

chose corporelle non susceptible d'usucapion, comme un fonds *vectigalis*, ou la superficie d'un terrain. Celui qui a la quasi-possession des choses incorporelles non susceptibles d'usucapion, comme l'usufruit, les servitudes urbaines et rurales, peut également l'intenter ; seulement, en pareil cas, la formule devait être modifiée, et devait supposer accomplie, non plus l'usucapion, mais la prescription de long temps. Le possesseur était réputé avoir possédé dix ou vingt ans, *nec vi, nec clam, nec precario*, l'exercice du droit de propriété prétorienne ou de servitude, et on lui accordait la Publicienne comme s'il avait possédé (h. t., 12, § 2, 3).

4° Au véritable propriétaire qui perd la possession. Bien des interprètes la lui ont refusée cependant ; mais c'est à tort, selon nous. Elle ne lui est pas indispensable, et il peut toujours agir par la revendication. Mais elle peut avoir pour lui une très-grande utilité, en lui offrant un moyen de preuve plus court et plus facile.

Le propriétaire, en effet, que l'on dépouille de sa chose, et qui veut la recouvrer au moyen de la revendication, est obligé de faire la preuve de sa propriété. Sans doute, au moyen de l'usucapion, il sera dispensé de rattacher son droit à celui de son auteur ; mais il faudra, pour cela, qu'il prouve qu'il a possédé la chose, *ex justa causa*, pendant un certain temps requis. Or, cette preuve, dans la pratique, peut souvent offrir des difficultés ; tandis que le propriétaire, en invoquant la Publicienne, aura seulement à démontrer qu'il a commencé cette usucapion, en possédant, ne fût-ce qu'un seul instant, la chose réclamée. D'ailleurs, le *dominus* se présentera, non pas comme propriétaire, mais comme possesseur ; et il est parfaitement libre de laisser de côté une partie de ses droits.

Est-ce que la *bonorum possessio* avait été instituée pour l'*heres*? évidemment non : et cependant on ne la lui refusait pas. C'est, en effet, l'un des caractères de la puissance prétorienne d'admettre à l'usage de ses institutions ceux-là même qui étaient déjà garantis par le droit civil.

Comment d'ailleurs le défenseur refuserait-il au propriétaire le droit de se servir de la Publicienne? Il faudrait qu'il lui répondît ceci : « vous ne pouvez intenter la Publicienne parce que vous êtes propriétaire », à quoi le demandeur répliquerait aussitôt : s'il en est ainsi, restituez-moi ce qui fait l'objet du litige.

La loi 66, (D. *de evictonibus*), peut encore fournir un argument favorable.

En effet, Papinien y refuse l'action en garantie à l'acheteur qui, averti par le vendeur d'intenter la

Publicienne de préférence à la revendication, aurait négligé cet avis. Pourquoi le propriétaire ne pourrait-il pas employer l'action Publicienne sans avoir besoin d'attendre le conseil d'autrui?

Notons que la Publicienne passe aux successeurs civils ou prétoriens de celui à qui elle compétait (h. t., 7, §§ 9, 12 et 1), encore bien qu'ils n'aient jamais possédé, et sans tenir compte de leur bonne ou de leur mauvaise foi.

CHAPITRE IV.

CONTRE QUI DONNE-T-ON LA PUBLICIENNE?

La Publicienne se donne contre tout détenteur de la chose, même contre le véritable propriétaire.

Ainsi dirigée, la Publicienne sera rarement injuste, s'il s'agit d'une chose *mancipi* livrée par simple tradition *a domino*, mais dans le cas d'une transmission de la chose faite *a non domino* à un possesseur de bonne foi, on arriverait à un résultat inique en donnant la Publicienne contre le véritable propriétaire.

Les jurisconsultes avaient obvié à cet inconvénient. Le défendeur faisait modifier la formule de l'action par une exception; c'était l'exception *justi dominii.* Le demandeur triomphera s'il a commencé l'usucapion avec toutes les conditions voulues, à moins que le défendeur ne prouve que lui-même est propriétaire.

Il peut paraître étrange, au premier abord, que le *dominus* ait besoin d'une exception pour se défendre dans la Publicienne, tandis qu'aucune exception ne lui est nécessaire pour repousser la revendication dirigée contre lui. Mais cette différence s'explique aisément. Il suffit de se rappeler que, suivant les principes, la personne attaquée, peut se défendre devant le juge sans être obligée d'avoir recours au préteur pour obtenir une exception toutes les fois que sa défense consiste à nier ce qu'affirme le demandeur, à contredire directement son *intentio*; et c'est ce qui a lieu dans la revendication, puisque le défendeur fait tomber *ipso facto* l'assertion de l'*intentio* par cela même qu'il démontre qu'il est propriétaire de la chose en litige.

D'après ce qui a été dit ci-dessus, il est aisé de comprendre qu'il n'en saurait être de même du véritable propriétaire attaqué par la Publicienne; sa défense n'est pas la négation de l'*intentio* de la formule; dès lors, il faut que cette formule soit modifiée par une exception.

Mais il peut devenir nécessaire, dans l'intérêt de l'équité, que cette exception *justi dominii* soit à son tour combattue et renversée; par exemple, au temps du droit classique, si un propriétaire, après avoir livré par simple tradition une chose *mancipi*, rentrait ensuite en possession de cette chose. Si, à la Publicienne dirigée contre lui par celui qui avait reçu un instant la possession, il opposait l'exception *justi dominii*, il fallait alors que le demandeur lui répondît par la réplique *rei venditæ aut donatæ et traditæ*, qui, le plus souvent lui assurera ce succès, à moins que les circonstances ne fournissent une replique triomphante au défendeur comme dans le cas d'une donation faite en violation de la loi Cincia.

D'après l'énumération de Cujas (VII, 341 sqq.), il y a sept cas dans lesquels la Publicienne peut prévaloir contre le propriétaire : nous allons les parcourir successivement.

1° A partir de la *litis contestatio*, le possesseur de bonne foi, défendeur en revendication, doit veiller à la possession de la chose, et éviter d'en perdre la possession par sa faute et, à plus forte raison, par son dol. Toutefois, s'il était venu à perdre cette possession seulement par sa faute et qu'il fût obligé d'en payer le prix au propriétaire demandeur, il pourrait obtenir de ce dernier la cession de son action réelle afin de poursuivre cette chose. Mais, s'il avait négligé de demander cette cession, le préteur l'autorisait à intenter la Publicienne comme ayant une juste cause de possession dans le paiement qu'il avait fait. — Mais, si dans l'intervalle, ce véritable propriétaire est rentré en possession de sa chose, qu'arrivera-t-il ? La Publicienne n'en triomphera pas moins contre lui ; car s'il oppose l'exception *justi dominii*, on lui répliquera par la *doli mali replicatio*. Il y aurait dol, en effet, de la part du propriétaire à vouloir conserver une chose dont il a déjà reçu le prix. (L. 63, *de rei. vind* ; L. 1. et 3, *pro empt.*)

2° Vous avez acheté de Titius le fonds de Sempronius. Ce fonds vous a été livré après paiement du prix. Titius, ensuite devenu héritier de Sempronius, vend et livre ce fonds à Mævius, qui en devient ainsi propriétaire. Il est de toute équité que vous lui soyiez préféré ; si donc Mævius revendique, vous le repousserez par une exception conçue en fait, ou par l'exception de dol ; que si, ayant perdu la possession, vous avez intenté la Publicienne contre ce même Mævius, vous triompherez encore en opposant à l'exception *justi dominii* l'exception précédente mise en forme de réplique. (D., L. 72, *de rei vendic.*, 2, *de exc. rei vend.*, et 4, § 32, *de doli mali et metus except.*)

3° J'ai donné mandat à mon procureur de vendre une chose ; il la vend, puis, malgré ma défense, il la livre. Je revendique alors contre l'acheteur, qui, mis en possession contre ma volonté, n'a pas acquis la propriété de la chose ; seulement, comme il est de bonne foi, il possède *ad usucapionem*, et il pourra m'opposer l'exception *si non auctor meus ex voluntate tua vendidit*, autrement il serait inique d'enlever à l'acheteur la chose que mon procureur lui a vendue en se conformant à mon mandat. Si cet acheteur a perdu la possession de la chose, il aura contre moi la Publicienne, et pourra triompher de l'exception, *justi dominii* en lui opposant, sous la forme de réplique, une exception *si non auctor meus ex voluntate tua vendidit* (h. t.. L. 14).

4° Les héritiers de mon mandataire, dans l'ignorance que la mort du procureur éteint le mandat, et dans l'intention non de voler, mais d'exécuter la mission que le défunt avait acceptée, ont vendu mes esclaves. L'acheteur est devenu propriétaire. J'aurai contre lui la revendication ou la Publicienne, suivant qu'au moment de mon absence, où j'ai cessé de posséder, j'étais ou non propriétaire de la chose. S'il m'oppose l'exception *justi dominii*, j'aurai pour la repousser une réplique conçue *in factum* (D., L. 57, *mandati.*).

On voit que nous avons adopté pour cette loi la correction, admise par Cujas, Pothier et M. Pellat, qui substitue les mots *non inutiliter* à ceux-ci : *non utiliter*. Cette leçon est donnée par le texte des Basiliques ; et elle est appuyée tant par la façon dont la phrase est construite, que par le raisonnement d'équité qui la termine.

5° J'ai acheté une chose *a non domino*, le propriétaire revendique contre moi ; je suis absous. Ensuite je perds la possession, qui repasse au vrai propriétaire. Je l'actionne par la Publicienne ; il m'oppose l'exception *justi dominii*, et j'y réponds victorieusement par la réplique *rei judicatæ* (D., L. 24, *de exc. rei jud.*).

6° Un possesseur de bonne foi m'a abandonné *noxali causa*, l'esclave qu'il avait *in sua potestate*. Si j'en perds la possession et que ce soit le propriétaire primitif qui la recouvre, j'intenterai l'action Publicienne contre ce propriétaire, et j'opposerai à son exception *justi dominii*, la *replicatio doli mali* ; car l'équité m'autorise à lui dire : laissez-moi l'esclave ou indemnisez-moi de son délit. (L. 28 *de noxalibus actionibus*).

7° Titius, votre voisin, vous demande de donner la caution *damni infecti*, à cause de votre maison qui menace ruine ; vous vous y refusez, et le préteur, après avoir, par son premier décret, envoyé Titius en possession seulement *custodiæ causa*, prononce son second décret qui lui donne la possession *ad usucapionem*. Si Titius vient ensuite à perdre la possession (et qu'elle soit retournée au propriétaire), la Publicienne pourra être dirigée contre ce propriétaire, et son exception *justi dominii* ne suffira pas pour la repousser, car le préteur accordera à Titius la réplique *doli mali* qui lui assurera le succès (D., L. 18, § 15 *de damno infecto.*).

Nous avons examiné les cas où la Publicienne est intentée contre le propriétaire; voyons maintenant le cas où le défendeur à la Publicienne est lui-même en train d'usucaper (h. t., L. 9, § 4). Il s'agit de deux acheteurs ayant tous deux droit à la Publicienne. Le débat s'engage entre eux, et la question s'élève sur le point de savoir qui l'emportera. Il faut distinguer si les deux acheteurs ont ou non le même vendeur.

Supposons d'abord un même vendeur non propriétaire dont Mævius et Titius ont acheté la même chose. Mævius, mis le premier en possession, doit être préféré; car un vendeur, en livrant la chose à un acheteur, lui a transporté tout le droit qu'il pouvait lui transporter par tradition; son droit est épuisé: il ne peut plus rien transférer à un second acheteur; autrement il lui donnerait ce qu'il n'a plus; il lui ferait une position plus avantageuse que la sienne, ce qui ne saurait être.

Soient, au contraire, deux vendeurs non propriétaires dont Mævius et Titius ont acheté la même chose. On ne tient ici aucun compte de l'antériorité de tradition; la position des acheteurs est pareille. Aussi, celui qui sera en possession l'emportera sur celui qui viendra l'actionner, car *in pari causa melior est causa possidentis*. Tel est du moins le sentiment de Julien et d'Ulpien (h. t., 9, § 4). Nératius, au contraire (D., L. 31, § 2, *de act. empt.*), tient compte, dans l'un et l'autre cas, de l'antériorité de la tradition. Cette opinion, toutefois n'a pas prévalu : elle était d'abord illogique et sans raison d'être dans le second cas.

DE LA

PRESCRIPTION ACQUISITIVE

La prescription est fondée sur les plus hautes considérations d'intérêt social ; en effet, une foule de circonstances peuvent nous placer dans l'impossibilité de représenter la preuve, soit du droit que nous avons sur la chose, soit de l'accomplissement de l'obligation que nous avons contractée. En présence de cette impossibilité, et pour mettre fin aux procès dont elle eût été la source, tous les législateurs ont senti le besoin de regarder la longue possession du défendeur ou l'inaction prolongée de son prétendu créancier, comme la conséquence d'un droit que ce défendeur n'est pas en mesure de prouver ; c'est ce droit dénué de preuve qu'ils ont voulu protéger au moyen de la prescription.

La prescription est donc une garantie indispensable à la paix publique. Elle consolide la propriété, prévient une foule de procès, et assure ainsi la tranquillité des familles ; aussi les jurisconsultes romains l'avoient-ils surnommée la patronne du genre humain, *patrona generis humani*.

Dans le cours de cet ouvrage, nous nous occuperons particulièrement de la prescription acquisitive.

Nous indiquerons d'abord les règles communes à toute prescription; puis nous parcourrons successivement les conditions spéciales à la prescription acquisitive; enfin nous terminerons par l'examen des diverses espèces de prescriptions acquisitives.

Avant d'aborder la matière, il est utile de rechercher l'étymologie du mot *prescription* et d'en donner la définition. Ce mot est loin d'avoir ici le sens qu'il présente naturellement. Prescription, en effet, *præ-scriptio* (substantif du verbe *præ-scribere*) signifie tout simplement une *écriture mise en avant*, tandis que dans notre législation moderne, il exprime un mode particulier d'acquisition et de libération qui s'accomplit sans qu'aucune écriture ait besoin d'y figurer. Cette qualification est un reste de la procédure formulaire des Romains. Nous savons, en effet, qu'à Rome, sous le système des formules, le possesseur d'un fonds provincial, poursuivi en justice par le propriétaire, ne pouvait échapper à la condamnation qu'en prouvant que, s'il n'était pas propriétaire du bien *ex jure Quiritium*, du moins il le possédait depuis le temps voulu pour être à l'abri de toute attaque, d'après le droit prétorien. Quand le possesseur opposait le moyen de défense, le préteur ajoutait à la formule portant l'ordre de condamner, cette restriction : *nisi de ea re agatur cujus longa possessio sit.* Or, comme cette phrase protectrice de la longue possession du défendeur, quoiqu'elle fût mise après coup, s'écrivait cependant en tête de la formule, c'était bien au moyen d'une *præ-scriptio* que le défendeur était garanti ; et quoique depuis bien longtemps, il n'y ait plus ni formule, ni par conséquent d'écriture à mettre en tête, le mot *prescription* s'est perpétué jusqu'à nous, comme beaucoup d'autres que la routine a fait survivre aux choses qu'ils désignaient.

— Le Code définit la prescription acquisitive « un moyen d'acquérir par un certain laps de temps, et sous les conditions déterminées par la loi (article 2219). »

Une difficulté, que je crois purement théorique, s'est élevée à propos de cette définition. On s'est demandé si la prescription, au lieu d'être un moyen d'acquisition, n'était pas plutôt la présomption légale d'une acquisition antérieure. Les partisans dei cette seconde opinion invoquent les autorités de notre droit coutumier, les paroles des orateurs qu ont présenté et soutenu les principes de la loi sur la prescription au Corps législatif. Partout, disent-ils, on a donné à la prescription le caractère de présomption légale. Ainsi la prescription n'est que la preuve légale d'une acquisition antérieure. S'il en était autrement, si la prescription était la cause légale d'acquisition, on serait forcé d'admettre que le défendeur à la revendication, qui aurait opposé victorieusement la prescription et qui conserverait ainsi l'immeuble qu'il détient, serait néanmoins tenu, dans le cas où sa possession aurait été de mauvaise foi, de restituer les fruits de cet immeuble perçus antérieurement à l'échéance du délai, parce qu'au moment de leur perception il n'était que possesseur, et possesseur de mauvaise foi. Or, personne n'admet cette conséquence; donc la prescription n'est autre chose que la présomption légale d'une acquisition supposée réalisée le jour même où la prescription a commencé à courir.

Cette théorie n'est pas exacte. Sans doute la prescription repose pour partie sur la présomption dont il s'agit, mais elle n'est pas cette présomption. De plus, ce n'est pas là la seule raison d'être de la prescription. Un motif d'utilité générale a déterminé tous les législateurs, celui de 1804 comme ses devanciers, à fixer un temps, à partir duquel ce qui est doit être regardé comme juste, par cela seul qu'il est. Il ne fallait pas jeter le trouble et la perturbation dans la société en donnant un effet à un droit resté non exercé pendant de longues années.

Ce second motif est même si puissant, qu'un possesseur qui aurait l'impudence d'avouer qu'il s'est emparé du bien, sachant qu'il ne lui appartenait pas ; mais qui opposerait à son adversaire une possession de trente années, obtiendrait gain de cause en justice et serait déclaré propriétaire en vertu de la prescription. Il est manifeste que la prescription est bien ici la cause d'acquisition et non pas simplement la présomption ou preuve légale d'une cause préexistante et d'un droit antérieurement acquis.

D'ailleurs, jetons un coup d'œil sur ce qu'était à Rome la prescription acquisitive ; c'était l'*Usucapio*, l'acquisition par l'usage, et cette usucapion était, dans la rigueur même du droit quiritaire, un des cinq modes d'acquérir la propriété.

Dans notre ancien droit français, tous nos auteurs s'accordent pour admettre la même idée. Domat disait que la prescription est *un moyen d'acquérir* par l'effet du temps ; Dunod, qu'elle est un *moyen d'acquérir* le domaine des choses en les possédant ; enfin Pothier, que la prescription acquisitive peut se définir : « *acquisition de la propriété* » par la possession (Domat, liv. 3, tit. 7, sect. 4, n° 1. — Dunod, prescript., ch. 1. — Pothier, Orléans, tit. 14, introd., n°ˢ 1, 30, 31).

Le Code civil, enfin, non content de définir la prescription dans notre article *un moyen d'acquérir*, a déjà pris soin, en énumérant d'une part les manières d'acquérir la propriété, dans les art. 711 et 712, et d'autre part les causes d'extinction des obligations dans l'art. 1234, de ranger la prescription parmi les unes et parmi les autres.

Nous pensons donc que les rédacteurs du Code ont suivi non-seulement l'ancien droit français, mais même le droit romain, et qu'en posant la prescription comme une cause légale d'acquisition, ils se sont conformés aux anciens principes. Mais ceci, bien entendu, n'empêche pas la prescription d'avoir un effet rétroactif au jour où elle a commencé à courir. Tout le monde est d'accord sur ce point. L'idée contraire serait en opposition directe avec le but même de l'institution.

En brisant le droit de l'ancien propriétaire, la loi le brise nécessairement pour le tout, pour l'accessoire aussi bien que pour le principal. Si, par une raison d'ordre public, on lui refuse toute action pour le bien, on ne peut pas davantage lui permettre d'agir pour les fruits de ce bien. Par conséquent, le possesseur de mauvaise foi qui a prescrit le bien par trente années, ne sera pas obligé de restituer les fruits.

— C'est une question qui a été très-controversée que celle de savoir si la prescription est du droit naturel ou du droit civil. Les auteurs qui l'ont examinée, se sont placés à un point de vue absolu. La vérité, selon nous, est que la prescription participe tout à la fois du droit civil et du droit naturel; du droit naturel, quant à son principe fondamental, puisqu'elle a sa raison d'être dans la force même des choses ; du droit civil, pour la plupart des règles de détail qui en organisent l'application , puisque ces règles varient d'un pays à un autre pays, d'une époque à une autre époque.

Si la prescription participe du droit naturel, elle peut donc être invoquée par des étrangers en France. Pothier (n° 20) enseignait le contraire ; mais sa doctrine était repoussée par Wattel (liv. 2, ch., 2, n° 141) par Denizart (1° *prescript.*) et par un arrêt du parlement de Paris, rendu le 25 juin 1728. Aujourd'hui, elle est encore bien moins admissible, depuis que la loi de 1819 permet aux étrangers de recueillir et de transmettre en France non-seulement par succession, mais même par donation et testament; et certes, la matière des donations et des testaments est bien autrement du droit civil que la prescription.

De plus, l'art. 3 du Code Napoléon suppose que des immeubles peuvent appartenir à des étrangers, et, par suite, que tous les modes d'acquisition de la propriété peuvent se réaliser à leur profit. Nous n'insisterons pas davantage sur ce point.

PREMIÈRE PARTIE.

DES RÈGLES COMMUNES A TOUTE PRESCRIPTION.

CHAPITRE PREMIER.

DE LA RENONCIATION A LA PRESCRIPTION,

La prescription, nous le savons, est d'ordre public; aussi le Code n'a-t-il pu permettre de renoncer d'avance à son bénéfice. L'art. 2220 nous dit « qu'on ne peut d'avance renoncer à la prescription ». Si la loi n'avait pas pris cette sage précaution, les renonciations anticipées seraient devenues de style dans tous les contrats; et, dès lors, la prescription qui est, comme on l'a vu, l'un des plus fermes appuis de la société, n'eût plus été qu'un vain mot.

Toutefois cette prohibition de la loi s'applique bien plutôt à la prescription libératoire qu'à la prescription acquisitive. En effet, je ne vois pas comment on peut renoncer d'avance à une prescription acquisitive, et ne pas se constituer, par là même, détenteur précaire. Cela paraissait si évident aux rédacteurs de notre Code, que M. Bigot-Préameneu, dans son exposé des motifs sur la prescription, disait : «s'il a été convenu entre deux voisins que l'un posséderait le fonds de l'autre sans pouvoir le prescrire, ce n'est point de la part de celui au profit duquel est la stipulation, une renonciation à la prescription ; c'est une reconnaissance qu'il ne possèdera point à titre de propriétaire, et nul autre que celui qui possède à ce titre ne peut prescrire. »

Ainsi, renoncer à la faculté d'opposer la prescription, ce n'est pas seulement reconnaître actuellement le droit du propriétaire, c'est lui dire qu'il peut sans danger vous laisser la détention de son bien, que vous n'avez aucune intention de vous l'approprier, et que, par conséquent, vous le posséderez pour lui. Or, nous rencontrons là tous les éléments de la précarité.

La renonciation anticipée à la prescription aura donc pour effet de constituer celui qui la fait détenteur à titre précaire. Aussi, les cas de renonciation anticipée à la prescription acquisitive seront-ils très-rares. On peut cependant trouver quelques hypothèses où cette renonciation se présente, par exemple, l'hypothèse suivante qui sera une application de l'art. 2220.

Le propriétaire d'un immeuble s'aperçoit que son voisin a ouvert dans l'un de ses murs une fenêtre, à la distance prohibée ; il ne la fait pas fermer, mais exige un acte par lequel le voisin renonce à se prévaloir de l'état de choses Ce n'est pas encore une renonciation prohibée, car le voisin s'est constitué détenteur précaire, et l'art. 2236 fait obstacle à la prescription. Mais supposons que le signataire de l'acte de renonciation intervertisse son titre en contestant le droit du propriétaire; alors il reconquiert l'*animus domini*; la cause de sa possession est changée, et sa renonciation ne produit aucun effet par application de l'art. 2220.

La seule renonciation prohibée par la loi, est la renonciation anticipée. On peut très-bien, au contraire, renoncer à une prescription accomplie. En effet, ce n'est plus là qu'une question d'intérêt privé; et la renonciation, loin d'être imposée par la dépendance où se trouve un futur débiteur, n'est plus alors qu'un acte de conscience et de délicatesse parfaitement libre.

Quant à la renonciation faite à une prescription en voie de s'accomplir, son effet est réglé par la combinaison des deux principes ci-dessus. Cette prescription étant chose acquise pour la portion accomplie, et encore future pour celle qui reste à courir, la renonciation sera donc valable pour la première et nulle pour la seconde. La renonciation en d'autres termes, sera, dans ce cas, une interruption de la prescription; en sorte que la prescription

est effacée pour le passé, mais recommence immédiatement à courir.

Nous arrivons à un point assez délicat.
J'ai possédé un immeuble pendant trente ans ; quelle
est ma position vis-à-vis de cet immeuble ? Je n'en
suis propriétaire que sous condition suspensive.
Pour que mon droit soit incontestable, il y a une
dernière condition à remplir : invoquer la prescription ; autrement, je serai censé n'avoir jamais
été propriétaire. Mon silence, en face de la justice,
est une présomption qui vient détruire celle atta-
chée à ma longue possession. C'est là une disposition pleine d'équité. En effet, s'il y a des cas où l'on
peut décemment invoquer la prescription, il en est
d'autres où la conscience se refuse à invoquer ce
moyen. Certain qu'il n'est pas propriétaire de l'immeuble revendiqué contre lui, un honnête homme
ne voudrait pas se prévaloir d'une prescription injuste qui blesse les légitimes susceptibilités de sa
conscience.

De ce que nous venons de dire, découlent deux
conséquences :

1° Celui qui n'oppose pas en justice la prescription acquisitive, ne fait pas une aliénation de la
chose, mais seulement une restitution du bien d'autrui ; il n'a jamais été propriétaire ; aucun droit de
mutation n'est dû ;

2° Celui qui n'oppose pas la prescription, ne fait pas une donation; et, par suite, il ne faut appliquer à cette renonciation aucune des règles restrictives ou prohibitives des donations.

Plaçons-nous maintenant à un autre point de vue. Supposons que le possesseur a invoqué la prescription en justice; il est devenu immédiatement propriétaire de la chose, rétroactivement, à partir du premier moment de sa possession. Mais, après le jugement qui a constaté son droit, il fait abandon de la chose et renonce à la prescription. Doit-on voir là un acte de restitution ou une donation?

Sur ce point, deux opinions sont en présence. Dans la première, on soutient que cette renonciation tardive n'est autre chose qu'une donation. En effet, dit-on, la prescription étant accomplie par l'emploi public et solennel que le possesseur a fait en justice du moyen que la loi mettait à sa disposition, celui-ci est devenu rétroactivement propriétaire irrévocable de la chose, et l'abandon qu'il en fait postérieurement ne peut reposer que sur une idée de libéralité.

Dans la seconde opinion, on regarde la renonciation tardive du possesseur comme une reconnaissance du droit du propriétaire, et, par conséquent, comme une restitution du bien d'autrui. Voici le raisonnement qui conduit à cette conclusion. Lorsque, dit-on, il s'agit d'une prescription libératoire, à laquelle on renonce dans les mêmes termes, c'est-à-dire après avoir opposé victorieusement en justice la prescription, la plupart des auteurs modernes, suivant la doctrine de Pothier, admettent que la renonciation constitue un véritable paiement, parce que la prescription laisse subsister la dette naturelle, et que l'exécution volontaire d'une obligation naturelle est mise au nombre des paiements proprement dits, par l'art. 1235. Puisqu'il en est ainsi pour la prescription libératoire, pourquoi ne pas étendre cette théorie à la prescription acquisitive?

Cette dernière opinion est, je crois, conforme aux principes; elle a, de plus, le précieux avantage de permettre à la conscience de revenir sur ses erreurs. Je l'admets sans hésiter.

Cette renonciation n'ayant pas le caractère d'une libéralité, elle n'est soumise, ni pour le fond, ni pour la forme, aux règles des donations. Toutefois, les personnes intéressées pourront prouver qu'en fait cette renonciation n'est qu'une libéralité déguisée sous l'apparence d'une restitution.

Voyons maintenant comment se fait la renonciation à une prescription acquise. L'art. 2221 nous dit qu'elle peut se manifester expressément ou tacitement. La renonciation expresse n'est pas seulement, comme le disent certains auteurs, celle qui résulte de la déclaration explicite *contenue dans un acte faisant preuve de son contenu*, mais bien celle qui résulte de toute déclaration, soit écrite, soit purement verbale. Dans ce dernier cas, la preuve testimoniale sera admissible, si le droit sujet à la prescription ne dépasse pas 150 francs, et même, quand il dépasse ce chiffre, s'il existe un commencement de preuve par écrit (art. 1341, 1347.)

Quant à la renonciation tacite, elle résulte de tout fait qui suppose l'abandon du droit acquis (2221). Quant à ce qui est de savoir quels faits, quelles circonstances sont de nature à manifester ou faire raisonnablement supposer cet abandon du droit, c'est un point que les magistrats apprécieront dans chaque espèce particulière. Nous ne pouvons que formuler cette règle : la renonciation est tacite, toutes les fois que la conduite de celui qui a prescrit est telle, qu'elle montre suffisamment qu'il n'entend pas se prévaloir de la prescription. Ainsi, quand celui qu'on prétend débiteur a payé, soit un à-compte sur la dette, soit les intérêts ou arrérages; quand il a fourni une hypothèque, une caution ou autre garantie; quand il a opposé des compensations, réclamé des diminutions ou demandé des termes de payement, il est clair qu'il y a renonciation tacite, puisque chacun de ces faits est récognitif du droit du créancier, et par conséquent exclusif de l'idée d'être libéré par la prescription. De même si le possesseur achète du propriétaire une servitude sur l'immeuble possédé, ou bien le prend à bail, ou encore figure comme témoin dans un acte par lequel le propriétaire le vend ou le donne à un tiers.

La renonciation à la prescription doit être libre. Elle est annulable, si elle a été la suite d'une violence ou d'un dol (art. 1109).

Que doit-on décider si elle a été la suite d'une erreur? Quant à l'erreur de fait, pas de difficulté possible; tout le monde convient que la renonciation à la prescription par erreur de fait est rescindable. Mais une controverse s'est élevée sur le point de savoir s'il en est de même en cas d'erreur de droit. Certains auteurs soutiennent que, dans ce cas, il n'y a pas de rescision possible, parce que nul n'est censé ignorer la loi. Nous n'admettons pas cette opinion. Sans doute, en matière criminelle, personne ne peut excuser un délit ou un crime en prétextant son ignorance des lois pénales; mais, en matière civile, l'adage qui sert de fondement à l'opinion que nous combattons, n'a pas toute la portée qu'on veut bien lui reconnaître. Nous croyons donc que la renonciation à la prescription, même par suite d'une erreur de droit, serait annulable. Toutefois, si la renonciation était faite en justice, elle serait pleinement valable, malgré l'erreur de droit. Ici, en effet, nous avons un texte, l'article 1356, qui dit, dans son dernier alinéa, que l'aveu judiciaire ne saurait être révoqué sous prétexte d'une erreur de droit.

Nous avons dit que la renonciation à la prescription n'implique jamais rétrocession de la propriété. Cependant la loi semble elle-même se contredire en exigeant chez le possesseur qui renonce la faculté d'aliéner. L'art. 2222 décide, en effet, que « celui qui ne peut aliéner, ne peut renoncer à la prescription acquise. » Mais cette contradiction n'est qu'apparente; elle s'évanouit, si l'on songe que l'incapable se trouve en quelque sorte saisi du droit réel, par l'accomplissement des conditions légales. Pour abdiquer cette espèce de saisine, il a besoin, comme en matière de succession, d'être habilité; mais, dans l'un comme dans l'autre cas, il n'est pas censé transférer ce droit qu'il répudie.

La loi a vu dans la renonciation à la prescription un acte aussi grave que l'aliénation, parce que la prescription est souvent le seul moyen de prouver une juste cause d'acquisition, de défendre sa propriété contre la ruse et la mauvaise foi. Voilà pourquoi elle prend des mesures en faveur de l'incapable, qui, la plupart du temps, ne sera pas apte à distinguer si la prescription est juste ou non.

Mais quelle est cette capacité exigée par la loi dans l'art. 2222? Est-ce la capacité d'aliéner à titre onéreux, ou la capacité d'aliéner à titre gratuit? Nous pensons que la loi, en se servant du mot *aliéner*, sans y rien ajouter, s'est contentée de la capacité d'aliéner à titre onéreux.

Tout le monde est d'accord sur le point de savoir si la femme peut renoncer à la prescription acquisitive, lorsqu'elle est autorisée de son mari. Mais le tuteur du mineur, ou de l'interdit peut-il, en observant les formalités nécessaires, renoncer à la prescription? Il y a controverse à ce sujet.

Dans une première opinion, on nie cette capacité, en se fondant sur ce que la loi, dans l'art. 457, ne permet l'aliénation des immeubles du mineur que pour cause d'une *nécessité absolue*, ou d'un *avantage évident*. Or, dit-on, aucun de ces motifs ne se rencontre dans une renonciation à prescription. On objecte encore une question de délicatesse que la personne intéressée est seule à même de résoudre.

Nous répondrons que si la renonciation à une prescription, ne présente pas un intérêt matériel, elle peut présenter un grand avantage moral. Quant à l'objection tirée de ce que la renonciation est une affaire de conscience, il est facile d'y répondre, en faisant remarquer que, grâce aux formalités exigées par la loi, le tuteur ne renoncera que lorsque l'illégitimité du droit de son pupille sera certaine et bien constatée.

CHAPITRE II.

DE L'ALLÉGATION DE LA PRESCRIPTION.

En général, les juges doivent suppléer d'office les moyens que n'invoque pas le défendeur. Il en est autrement en matière de prescription. Les juges, nous dit l'art. 2223, ne peuvent suppléer d'office le moyen résultant de la prescription. La loi n'a pas voulu permettre aux juges de s'introduire dans le sanctuaire des consciences, et d'apprécier des choses qui, par leur nature, ne comportent pas leur intervention.

La prescription n'investit pas de plein droit le possesseur de la propriété de la chose. La loi lui fait une offre; il faut que sa volonté s'harmonise avec cette offre. Si donc, par scrupule de conscience, le défendeur à la revendication n'oppose pas la prescription, le juge n'a pas pouvoir de la suppléer.

La prohibition de l'art. 2223 est générale. Le

juge ne pourrait suppléer d'office la prescription, même dans l'intérêt d'un incapable ou d'un absent. Mais le ministère public, chargé de veiller aux intérêts des incapables et des absents, peut, dans les conclusions qu'il donne sur les affaires qui lui sont communiquées (art. 83, C. pr.), faire valoir le moyen tiré de la prescription, que les incapables ou leurs représentants négligent d'invoquer. S'il ne le faisait pas, le jugement serait rescindable par la voie de la requête civile.

Du reste, si absolue que soit notre disposition, on comprend que, puisqu'elle n'est écrite que dans le code civil et comme règle de droit civil, elle ne saurait être étendue aux matières criminelles; et, de même que le juge devrait ici appliquer la prescription, alors même que le prévenu déclarerait y renoncer, de même et à plus forte raison devra-t-il l'appliquer malgré son silence.

L'allégation de la prescription est une véritable défense au fond. On peut donc opposer ce moyen en tout état de cause, même en appel (art. 2224).

Mais à partir de quel moment la prescription cesse-t-elle d'être opposable? Il faut distinguer: S'agit-il d'une affaire qui se juge sur plaidoiries, la prescription ne peut plus être invoquée quand le tribunal, par l'organe du président, a déclaré que l'affaire est entendue; parce que, dès ce moment, la discussion est close. S'agit-il, au contraire, d'une affaire qui s'instruit par écrit, la prescription n'est plus opposable dès le moment où l'affaire est en état, c'est-à-dire, d'après l'art. 343. C. pr., quand l instruction est complète, ou que les délais pour les productions et réponses sont terminés.

Si on n'a pas invoqué la prescription en première instance, et qu'on ait succombé dans le procès, on peut interjeter appel du jugement et présenter comme moyen de défense la prescription qu'on a négligé de faire valoir jusque là. Mais on ne peut se pourvoir en cassation ou en requête civile contre un jugement ou un arrêt, sous prétexte que la prescription n'a pas été invoquée en première instance ou en appel. Toutefois, s'il existait quelque autre cause de requête civile ou de casssation, et que le jugement vînt à être rétracté ou cassé, la prescription pourrait être invoquée devant le tribunal appelé à juger de nouveau l'affaire (art. 2224).

Le droit d'invoquer la prescription n'est pas un de ceux qui soient exclusivement attachés à la personne ; il appartient, au contraire, à toute personne intéressée, et notamment aux créanciers de celui au profit duquel la prescription est accomplie. L'article 2225, en effet, est ainsi conçu : « Les créanciers ou toute autre personne ayant intérêt à ce que la prescription soit acquise, peuvent l'opposer, encore que le débiteur ou le propriétaire y renonce.»

L'application du principe posé dans cet article a donné lieu à de nombreuses difficultés. Écartons d'abord ce qui peut faire doute. Ainsi, ceux qui ont acquis un droit réel sur l'immeuble possédé, peuvent invoquer de leur chef la prescription. L'art. 2225 n'est pas fait pour eux, car ils ont un droit propre. Supposons, en effet, que le possesseur d'un immeuble ait concédé sur cet immeuble un droit d'usufruit, et qu'il renonce ensuite à la prescription acquise ; l'usufruitier pourra opposer la prescription de son chef, puisqu'en vertu de l'art. 2224, il peut joindre à sa possession celle de son auteur.

Mais l'art. 2225 s'applique et crée vraiment un droit particulier basé sur l'intérêt dans l'hypothèse suivante. Primus possède le fonds de Secundus ; il est en voie de le prescrire par trente ans. La vingtième année de sa possession, Primus vend à Tertius une servitude discontinue et non apparente, ou lui constitue un droit d'hypothèque sur ce fond. Au bout de trente ans, Primus renonce à la prescription. Tertius pourra l'opposer, non de son chef, mais du chef de Primus, en vertu de l'art. 2235. Tertius a besoin de cet article, parce qu'un droit d'hypothèque, une servitude discontinue ou non apparente ne s'acquièrent point par prescription. Aucune prescription n'ayant pu se réaliser au profit de Tertius, il est obligé d'invoquer celle qui s'est réalisée au profit de son auteur.

Ainsi, quant à la prescription acquisitive, nous voyons que les mots « toute personne ayant intérêt, » de l'art. 2225, s'appliquent à tous ceux qui ont acquis du prescrivant un droit réel non susceptible de prescription. Dans tous les cas où le droit réel concédé par le prescrivant, est susceptible de prescription, l'art. 2225 est complètement inutile, puisque le cessionnaire de ce droit peut le premier de son chef, et que, de droit commun, il peut invoquer la prescription, nonobstant la renonciation de son cédant.

L'interprétation de l'art. 2225, en ce qui regarde les créanciers, a soulevé de vives controverses. Les créanciers, dit la loi, peuvent opposer la prescription, encore que le propriétaire y renonce. En lisant cette disposition, la première idée qui vient à l'esprit est que la prescription n'est pas un droit exclusivement attaché à la personne, et que les créanciers, en vertu de l'art. 1166, peuvent l'invoquer du chef de leur débiteur. M. Bigot-Préameneu lui-même a donné cette interprétation, ce qui n'a pas empêché les auteurs de proposer plusieurs systèmes que nous allons exposer successivement.

Deux grands principes sont posés par les articles 1166 et 1167 du Code Napoléon. La loi permet

aux créanciers d'exercer les droits de leur débiteur.
Dans l'art. 1166, la loi suppose que ce droit
appartient encore au débiteur; le créancier vient
faire ce que le débiteur pourrait faire lui même.
Le créancier n'aura qu'à prouver : 1° sa qualité de
créancier; 2° que le droit qu'il veut exercer appartient bien à son débiteur.

Dans l'art. 1167, la loi suppose que le droit n'appartient plus au débiteur qui s'en est dépouillé.
Le créancier vient, *jure proprio*, faire annuler
l'acte de son débiteur, exercer un droit qui ne lui
appartient plus. Mais alors il a une preuve de plus
à faire; il doit établir qu'il y a eu fraude.

Cette théorie peut-elle s'appliquer en matière de
prescription? Oui, sans contredit. En supposant
que le débiteur n'a pas encore renoncé à la prescription, le droit de l'opposer lui appartient encore, et
des créanciers peuvent venir l'exercer de son chef.
Le seul motif de douter aurait été que la prescription est une affaire de conscience, et qu'ainsi ce droit
de l'invoquer est exclusivement attaché à la personne du débiteur. Mais l'art. 2225 est venu couper
court à toute difficulté sur ce point : cela ressort
formellement de la discussion de cet article.

Passons maintenant à l'hypothèse de l'art. 1167.
Le débiteur ayant renoncé à la prescription, ne peut
plus l'opposer. Les créanciers peuvent-ils faire an-

nuler cette renonciation qui leur cause préjudice?

Personne n'ignore que, d'après l'art. 1167, il ne suffit pas au créancier de prouver le préjudice; il doit, en outre, prouver que l'acte, par lequel le débiteur s'est dépouillé, a été fait frauduleusement. On distingue encore entre les actes à titre onéreux et les actes à titre gratuit. Pour que l'annulation des premiers soit possible, il faut que la fraude existe, non-seulement chez le débiteur, mais encore chez la personne au profit de laquelle l'acte a été consenti. Pour les actes à titre gratuit, peu importe que le donataire ait ou non connu l'état des affaires du donateur, l'annulation est possible, lorsque la fraude existe chez le débiteur.

Ces idées, une fois exposées, comment appliquer l'art. 1167, en matière de renonciation à prescription ?

Dans une première opinion, on pense que cet article ne recevra jamais son application en pareille matière. L'art. 2225, dit-on, ne se réfère qu'à l'art. 1166 et non pas à l'art. 1167; et, pour le prouver, on invoque les derniers mots de l'article 2225; on dit que la loi emploie ces expressions « *y renonce* » et non pas « *y ait renoncé,* » preuve évidente qu'il s'agit de quelqu'un qui est en voie de prescrire, mais qui ne veut pas se prévaloir de la prescription dans l'instance où le procès s'agite.

Nous n'admettons pas ce système, attendu que le débiteur qui renonce à la prescription se dépouille d'un droit qui lui appartient *hic et nunc*, le droit de réaliser la condition de sa propriété. De plus, les mots « *y renonce* » de l'art. 2225 s'appliquent aussi bien à une renonciation définitive qu'à une renonciation non consommée. L'art. 788 C. N. emploie la même expression au présent pour indiquer une renonciation consommée, comme le prouvent les termes mêmes de son second alinéa, où il est dit « *la renonciation est annulée.* » Il s'agit donc d'une renonciation définitive. Nous en concluons que l'art. 1167 est applicable à la renonciation à prescription prévue par l'art. 2225.

On rencontre une autre difficulté dans l'article 2225, qui semble se contenter du simple préjudice. De là la question de savoir si cet article déroge à l'art. 1167, au point de vue de la fraude. Disons tout d'abord que, dans l'opinion de ceux qui distinguent entre les actes ordinaires et les simples renonciations et qui, pour ces dernières, soutiennent que la fraude n'est pas nécessaire pour donner ouverture à l'action révocatoire, il n'y a pas de difficulté. Mais, dans le système qui n'admet que deux catégories d'actes, les actes à titre onéreux et les actes à titre gratuit, si nous appliquons le droit commun, nous devons dire que, la renonciation à la prescription étant un acte à titre onéreux, les créanciers ne pourront la faire annuler qu'en prouvant la fraude chez le renonçant et chez celui qui profite de la renonciation.

Certains auteurs, sans faire une catégorie à part pour les renonciations admettent une exception en matière de prescription et font tomber les renonciations à prescription sans condition de fraude. L'art. 2225 serait, dans ce système, une dérogation au droit commun. Examinons les arguments sur lesquels se fondent ces auteurs.

Le premier se tire des expressions de l'article; les mots « *ayant intérêt* » prouvent que la loi ne s'occupe pas du motif qui a dicté la renonciation. Cette raison n'est pas concluante; l'intérêt est nécessaire, sans doute, mais la loi ne dit pas qu'il soit suffisant pour faire annuler la renonciation. On prête à l'article un langage qu'il n'a pas.

Dans une seconde opinion, on dit que quand il s'agit d'une personne ayant intérêt autre que les créanciers, comme celle qui a un droit d'hypothèque, de servitude discontinue ou non apparente, subordonnée à la prescription de la chose principale, tout le monde croit qu'elle pourra faire tomber la renonciation par cela seul qu'elle a intérêt La loi met les créanciers sur le même rang que toute personne ayant intérêt; donc l'intérêt doit suf

lire aux créanciers, pour exercer l'action révocatoire. Cet argument n'est pas péremptoire. La conclusion à tirer de l'art. 2225, c'est que le droit
d'invoquer l'art. 1167 appartient aux créanciers du
renonçant aussi bien qu'aux autres personnes ayant
intérêt; mais la loi ne dit pas qu'il leur appartient
aux mêmes conditions.

Enfin on dit, en dernier lieu, que la renonciation
à prescription étant une affaire de conscience, on
ne peut pas dire qu'un débiteur renonçant se rende
coupable d'une fraude; que, par conséquent, les
créanciers ne pourraient jamais, dans ce cas, faire
annuler une renonciation.

Ce raisonnement contient une erreur manifeste.
La fraude, dont parle l'art. 1167, consiste uniquement dans la connaissance que le débiteur peut
avoir de son insolvabilité. Ainsi, le système qui se
contente du simple préjudice n'a aucun intérêt dans
les circonstances où la fraude est facile à prouver.
L'intérêt ne se conçoit que dans le cas où le renonçant et celui qui profite de la renonciation sont tous
deux de bonne foi.

Ce système inadmissible amènerait un de ces résultats bizarres, qu'il ne pourrait expliquer. En
effet, supposons l'absence de fraude; la renonciation se présente dans des circonstances telles, que
la loi maintiendrait une donation, si elle eût été

faite. Le système que nous combattons, annulerait la renonciation. On en donne pour raison qu'un débiteur insolvable n'a pas grand désir de faire des donations, tandis qu'il pourrait se laisser entraîner à faire des renonciations : *quod facilius fieri potest, lex arctius prohibet.*

Ce motif ne vaut rien. La renonciation à prescription étant une affaire de conscience, on doit être disposé à la traiter avec faveur et non avec rigueur. Aussi voyons-nous l'art. 2221 admettre la renonciation tacite, tandis que l'art. 2223 défend de suppléer d'office la prescription ; c'est là une preuve évidente de la faveur que la loi accorde aux renonciations à prescription.

Des auteurs, exagérant cette doctrine, ont soutenu que les créanciers peuvent faire tomber la renonciation à prescription, sans même prouver le préjudice. Cette preuve, disent-ils, serait fort difficile à établir ; la loi ne demande que l'intérêt ; or, les créanciers ont intérêt même à être dispensés de cette preuve. Repoussant le système précédent, nous n'admettons pas davantage celui-ci.

En résumé, l'art. 2225 n'est qu'une application du droit commun. La renonciation à la prescription acquise ne peut être annulée qu'à la condition de prouver la fraude et chez le débiteur et aussi chez celui au profit duquel la renonciation a été consentie. (En ce sens, Troplong, n° 1012 ; Duranton, 21, 150).

CHAPITRE III.

QUELLES CHOSES SONT SUSCEPTIBLES DE PRESCRIPTION.

En règle générale, toutes les choses qui sont dans le commerce sont susceptibles de prescription, par *a contrario* de l'art. 1226. Toutefois, cette règle rencontre quelques exceptions. Certaines choses, quoique étant dans le commerce et par suite aliénables, sont cependant imprescriptibles. C'est ainsi que les biens des mineurs et des interdits sont imprescriptibles tant que dure la minorité ou l'interdiction, quoique, pendant ce temps ils soient dans le commerce et parfaitement aliénables. J'en dirai autant des servitudes qui ne sont point en même temps continues et apparentes ; elles ne peuvent s'acquérir par prescription (art. 691), bien qu'elles ne soient nullement inaliénables et hors du commerce.

Mais quelles choses sont hors du commerce et imprescriptibles ? Au premier rang, nous placerons la liberté de l'homme et les diverses facultés qui en constituent l'exercice. Ainsi, je suis libre de planter ou de bâtir sur mon terrain. Si je reste pendant trente ans sans planter ni bâtir, mon voisin n'aura pas acquis le droit de s'opposer aux plantations et constructions que j'y voudrais faire plus tard.

Mais l'art. 2226 a eu surtout en vue les biens du domaine public. Ces biens sont hors du commerce, et, par suite, imprescriptibles. Les art. 538, 430, 540, nous donnent l'énumération des choses qui composent le domaine public de l'État.

Disons cependant que toutes les choses appartenant à l'État ne sont pas imprescriptibles. Ce sont seulement celles qui composent son domaine public, c'est-à-dire qui sont affectées à un usage public, comme les fleuves, les rivières navigables, les voies publiques, les rades, les ports, les forteresses, les fortifications des places de guerre, etc.

Il y a des biens que l'état possède comme un simple particulier, et qui composent son domaine privé. Ces derniers sont aliénables et prescriptibles en vertu de l'art. 2227.

L'autorité détermine seule ce qui est du domaine public ou privé de l'État. Le non-usage ne suffirait donc pas pour faire sortir un bien du domaine public; il faut une décision de l'autorité.

Les départements et les communes ont aussi un domaine public et un domaine privé. On doit appliquer les règles que nous venons d'indiquer aux biens qui composent l'un ou l'autre domaine (article 2227)

La décision de l'art. **2227** est une innovation importante. Dans notre ancien droit, en effet, le domaine de la couronne était à l'abri de toute prescription. On avait suivi la loi Romaine : *res fisci nostri usucapi non possunt.* Les auteurs du droit coutumier disaient : « *qui a mangé l'oie du roi, cent ans après en rend la plume.* » Cette législation, qui s'appuyait surtout sur l'ordonnance de Moulins, rendue en 1566, fut abrogée par la loi du 22 novembre 1790, qui dispose qu'à l'avenir les biens de l'État pourront être aliénés en vertu d'une loi, et qu'ils seront prescriptibles par quarante ans. Le Code, enfin, va plus loin, et met sur la même ligne les biens de l'État et ceux des particuliers.

Les biens des communes et des établissements publics étaient aliénables; mais ils ne se prescrivaient que par quarante ans. Certaines congrégations religieuses n'étaient même soumises qu'à la prescription trentenaire.

Aujourd'hui, la prescription est uniforme pour tous les biens, quels qu'ils soient; et la plus longue ne sera jamais que de trente ans (2227)

DEUXIÈME PARTIE.

DES CONDITIONS REQUISES POUR LA PRESCRIPTION ACQUISITIVE.

On peut définir la prescription acquisitive : l'acquisition de la propriété par une possession continue pendant un certain temps. Les conditions essentielles de toute prescription sont donc la possession et le laps de temps. Nous allons les examiner séparément.

CHAPITRE PREMIER.

DE LA POSSESSION.

L'étymologie du mot *possession* se trouve dans le verbe *posse*, indiquant le pouvoir que le possesseur exerce sur la chose.

Les lois romaines ne nous ont laissé aucune définition de la possession. Aussi de nombreuses difficultés s'élevèrent dans l'ancienne jurisprudence sur la manière de la définir, difficultés qui s'évanouirent devant les termes de l'art. 2228. La possession, y est-il dit, est « la détention d'une chose ou d'un droit que nous exerçons par nous-mêmes, ou par un autre qui la tient ou qui l'exerce en notre nom. » La possession est le fait de se comporter, vis-à-vis d'une chose, comme le fait ordinairement un propriétaire.

Deux éléments se rencontrent dans la possession : la détention matérielle de la chose et l'*animus Domini*, le fait et l'intention. Nous ne distinguons pas ici, comme le faisaient les jurisconsultes romains, entre la *possessio civilis*, la *possessio naturalis*, la *nuda detentio*. Aux yeux du Code, il n'y a qu'une seule possession, c'est celle qui réunit les conditions exigées.

L'art. 2228 a supprimé la distinction romaine de la possession proprement dite et de la quasi-possession. Tout en mettant en opposition les choses et les droits, il les renferme cependant dans la dénomination générale de possession.

On a adressé au Code la critique suivante : La possesion se compose de deux éléments, le fait et l'intention ; eh ! bien, dit-on, le Code paraît ne s'occuper, dans l'art. 2228, que de l'idée de détention matérielle. Ce reproche ne nous semble pas fondé. En lisant l'art. 2228, il est facile de voir que c'est celui au nom duquel la chose est tenue qui possède ; que, pour que nous possédions, il nous faut jouir en notre nom. Toutefois, la définition du Code est moins explicite que celle de Pothier, qui appelle la possession « la détention d'une chose corporelle que nous tenons en notre puissance, ou par nous-mêmes, ou par quelqu'un qui la tient pour nous et en notre nom (Poss., n° 1). »

Analysons maintenant les deux éléments dont se compose la possession. Et d'abord, la détention, c'est l'usage de la chose, la faculté de s'en servir, d'en disposer en propriétaire.

Le second élément de la possession, c'est l'*animus domini*. Il consiste dans la volonté de tenir la chose comme sienne. L'*animus domini* existe indépendamment du juste titre et de la bonne foi.

Ces dernières circonstances peuvent bien faire produire à la possession quelques effets spéciaux, mais elles ne constituent point des éléments essentiels de la possession légale.

Les effets de la possession sont très-importants. Les principaux sont :

1° De faire acquérir la propriété des choses *nullius*, et même, si le possesseur est de bonne foi, la propriété des meubles appartenant à autrui ;

2° De faire présumer la propriété jusqu'à preuve contraire ;

3° De faire gagner au possesseur de bonne foi les fruits de la chose ;

4° Quand elle a duré une année révolue avec les autres conditions requises, de donner les actions possessoires ;

5° Enfin, de conduire à la propriété, soit par trente ans sans autre condition, soit par dix ou vingt ans avec juste titre et bonne foi.

La possession, reconnue par la loi, constitue-t-elle un fait ou un droit? Nous résolvons la question de la manière suivante: Toute action suppose un droit. La loi a organisé des actions possessoires; donc il existe un droit de possession. La possession a des effets garantis par la loi, quand elle a duré une année, *animo domini*, et avec les autres conditions exigées. Elle procure la propriété des choses *nullius*; elle attribue les fruits au possesseur de bonne foi. Tous ces effets juridiques en font nécessairement un droit *sui generis*.

Le possesseur étant présumé propriétaire, on pourrait même dire que la possession est un droit réel, de même que la propriété. Ulpien (fr. 38, § 3, 45, 1) mettait la possession parmi les *jura in re*, sur la même ligne que l'usufruit. D'ailleurs, le droit de possession n'a point pour corrélatif une obligation pesant sur une personne déterminée; ce n'est donc pas un droit personnel. J'en conclus qu'on pourrait le classer parmi les droits réels.

La possession s'acquiert par le fait et l'intention *facto et animo*. Mais, une fois acquise, elle se conserve *animo tantum*, par la seule intention. Quant à la détention matérielle de la chose, je puis la perdre, sans perdre en même temps la possession, pourvu que je conserve l'*animus possidendi*.

Ce principe, toutefois, souffre un tempérament. Je ne conserve la possession *animo tantum*, qu'autant qu'un autre n'est point venu réaliser sur la chose, en la possédant une année au moins, une nouvelle possession qui aurait pour effet d'interrompre la mienne.

La possession se perd par l'abandon volontaire qu'on en fait, soit en la livrant à une personne déterminée, soit en l'abdiquant d'une manière absolue, sans la transférer à personne. Elle se perd encore, comme nous venons de le dire, quand une personne possède pour son compte et en son nom, pendant une année, sans réclamation de la part du précédent possesseur (2243).

SECTION I.

Des qualités nécessaires à la possession à l'effet de prescrire.

La possession à l'effet de prescrire doit réunir certaines conditions, qu'énumèrent les art. 2229, à 2234; elle doit être :

Continue;

Non interrompue;

Paisible;

Publique;

Non équivoque;

A titre de propriétaire.

Enfin, elle ne doit pas être fondée sur des actes de pure faculté ou de simple tolérance.

Examinons dans des paragraphes distincts ces différents caractères de la possession.

§ 1. *De la possession continue.*

La possession continue est celle qui se manifeste par des actes de jouissance assez rapprochés les uns des autres, pour qu'on puisse dire qu'elle imite la possession d'un propriétaire. D'ailleurs, la loi n'exige pas une continuité toujours active, il suffit que le possesseur fasse les actes de jouissance que comportent la nature et la destination de la chose.

Celui-là n'a pas une possession continue, qui reste dans une inaction assez prolongée pour faire présumer une abdication tacite de la possession. Nous dirons de même de celui qui abandonne la possession pour la reprendre ensuite, sauf le tempérament apporté à ce principe par l'art. 2243.

Certains auteurs pensent que la possession n'est point continue, quand le possesseur a négligé pendant un an la culture d'un héritage.

Cette opinion ne nous paraît pas conforme à

l'esprit de la loi. En matière de prescription, le Code a suivi les principes de notre ancien droit. Or, Dunod disait : « nous pouvons continuer et achever de prescrire avec la seule possession civile, c'est-à-dire par l'intention que l'on a de retenir la possession, quoique l'on n'en fasse pas des actes extérieurs et actuels. C'est ce qui arrive à ceux qui laissent tomber en friche des héritages dont ils ont perçu les fruits ou qui discontinuent d'exercer des droits dont ils ont usé auparavant. (Prescript, p. 17.)

Nous croyons donc que les rédacteurs du Code n'ont point entendu s'écarter de ces principes. D'ailleurs, la question de savoir si une possession a été continue ou discontinue, est une question de fait abandonnée à l'appréciation des tribunaux.

La continuité, réclamée pour la possession, est loin d'avoir le même sens que celle dont il est question dans la division des servitudes, faite par l'article 688.

Le caractère continu ou discontinu d'une servitude tient uniquement à cette circonstance, que le fait actuel de l'homme est ou n'est pas nécessaire à son existence. Si une servitude discontinue ne peut s'acquérir par prescription, ce n'est donc point parce que la possession d'une telle servitude n'est pas susceptible de la continuité demandée par l'article 2220, mais bien parceque les actes par lesquels elle s'exerce sont de ceux qu'un voisin permet par tolérance, et qui ne peuvent fonder ni possession ni prescription (2232).

§ 2. *De la possession non interrompue.*

Une seconde condition nécessaire à la possession, c'est d'être non interrompue.

D'après l'art. 2242, la prescription peut être interrompue naturellement ou civilement. Cette division s'applique aux interruptions de la possession.

L'interruption civile, il est vrai, ne fait pas cesser la possession; mais elle en paralyse les effets et la rend inutile pour la prescription. Quant à l'interruption naturelle, elle se rapporte surtout à la possession, et c'est par suite de l'interruption de la possession elle-même que la prescription se trouve interrompue.

Il y a interruption naturelle de la possession, lorsque le possesseur actuel est dépouillé de la possession, soit par le propriétaire, soit par un tiers. Du reste, la loi prolonge la possession pendant l'année qui suit la perte de la détention (2243), et le possesseur peut se faire restituer la possession, en exerçant l'action possessoire.

L'interruption civile consiste, soit dans les poursuites judiciaires que le propriétaire exerce contre le possesseur, soit dans la reconnaissance que le possesseur fait du droit de celui contre lequel il prescrit (art. 2244, 2248).

Entre la discontinuité et l'interruption il existe une différence, à la vérité, peu considérable, mais qu'il est encore assez difficile de préciser.

Certains auteurs pensent qu'il y a interruption de possession soit lorsque le possesseur est dépouillé par une personne quelconque pendant plus d'une année, soit lorsqu'il abdique lui-même sa possession.

Une seconde opinion consiste à dire que la possession est interrompue toutes les fois que le fait qui prive le possesseur de la jouissance provient d'une tierce personne, et qu'elle est discontinue, quand le fait qui arrête la possession provient du possesseur lui-même. C'est cette dernière opinion que nous admettons.

La possession peut être discontinue, sans être interrompue. Ainsi, je puis rester un certain nombre d'années sans cultiver la terre que je possède ; ma possession n'a pas été continue, et cependant, si aucun fait interruptif ne s'est produit, elle n'aura pas été interrompue.

De même, la possession peut être interrompue sans cesser d'être continue. Par exemple, si j'ai toujours habité la maison A, et que le propriétaire intente contre moi des poursuites en justice, je n'en aurai pas moins conservé la détention matérielle de la chose et *l'animus domini ;* ma possession sera paralysée dans ses effets; mais elle n'en aura pas moins été continue.

Il suffit au possesseur de prouver qu'il possède aujourd'hui et qu'il a possédé autrefois. L'art. 2234 tire de ces deux faits la présomption qu'il a possédé pendant tout le temps intermédiaire, sauf preuve contraire : *probatis extremis, media præsumuntur.*

Une autre maxime était autrefois en vigueur : *olim possessor, hodie possessor ;* la possession ancienne faisait présumer la possession actuelle. Nous ne devons pas admettre cette présomption sous le Code ; elle n'est écrite nulle part. D'ailleurs, comme le dit M. Troplong (n° 423), la conclusion la plus probable à tirer d'une possession ancienne non accompagnée de la preuve d'une possession actuelle, c'est qu'on a perdu cette possession.

§ 3. *De la possession paisible.*

La possession paisible est celle qui n'est point entachée de violence à son origine, ni conservée dans la suite par violence.

L'art. 2233 dispose que « les actes de violence ne peuvent fonder une possession capable d'opérer la prescription. » De plus, le mot « paisible » dont se sert l'art. 2229, exprime suffisamment que, si une possession acquise sans violence vient ensuite à être l'objet de tentatives d'usurpation réitérées de la part du propriétaire, de telle sorte qu'elle n'ait été qu'une lutte continuelle entre le propriétaire et le possesseur, on ne peut pas dire qu'elle a été tranquille, paisible ; et, ainsi elle renferme un vice qui empêche la prescription.

Tous les auteurs n'admettent pas ce dernier point, parce que, disent-ils, repousser la force par la force, ce n'est pas exercer une violence. On répond avec raison que le possesseur, continuellement harcelé par les entreprises du propriétaire, n'a pas cette possession tranquille qui imite celle d'un propriétaire.

Disons, en passant, que la preuve que la possession a été paisible n'incombera pas à celui qui allègue la prescription ; ce sera à son adversaire de faire la preuve contraire.

La possession utile commence aussitôt que la violence a cessé (art. 2233).

Le vice résultant de la violence est purement relatif. On n'appliquera donc point à la possession la règle posée par l'art. 1111, en matière de contrats. Le contrat, en effet, est l'accord de deux volontés, tandis que la possession est le fait d'un seul. Dans le premier cas , si l'une des deux volontés n'est pas libre, la convention est annulable, quelque soit d'ailleurs l'auteur de la violence ; dans le second cas, il faut distinguer s'il y a violence ou non de la part de l'occupant. Ainsi la violence exercée contre le possesseur par un tiers, ne vicierait point ma possession, si je n'y avais participé en aucune façon.

La violence ne peut être invoquée contre le possesseur que par celui contre lequel elle a été dirigée. J'ai dépouillé violemment Primus d'un fonds appartenant à Secundus; mais je n'ai employé aucune violence contre ce dernier. Si Primus revendique contre moi et que je lui oppose la prescription, il pourra la repousser en alléguant la violence. Si, au contraire, c'est Secundus qui revendique contre moi, je lui opposerai victorieusement la prescription, ma possession n'étant pas violente à son égard.

§ 4. *De la possession publique.*

La possession publique est celle qui n'est pas dissimulée, qui existe au vu et au su de tous ceux qui l'ont voulu voir et savoir, comme dit la coutume de Melun. Le vice résultant du défaut de publicité s'appelle clandestinité de la possession.

La possession clandestine, à son origine, peut devenir publique par la suite; devient-elle, par là même, utile pour la prescription? nous le pensons ; en effet, si la possession violente *ab initio* peut être purgée de ce vice, dès que la violence a cessé, *a fortiori* doit-il en être de même d'une possession clandestine d'abord, qui devient publique. La clandestinité est un vice moins odieux que la violence.

A l'inverse, une possession publique, à son origine, qui devient ensuite clandestine, ne sera pas une possession utile pour prescrire.

La clandestinité, de même que la violence, est un vice purement relatif. Elle ne peut être opposée que par celui à l'égard de qui la possession a été dissimulée.

D'après l'art. 553 du C. Nap., on peut acquérir par prescription un souterrain sous le bâtiment d'autrui. On en a conclu que cette disposition viole l'art. 2229, dans une des conditions nécessaires à la possession, c'est-à-dire la publicité. Nous pensons qu'il est facile de concilier ces deux dispositions. Sans doute, on peut acquérir par prescription un souterrain sous le bâtiment d'autrui, mais à la condition que la possession qu'on en a réunisse toutes les conditions requises par l'art. 2229, pourvu, notamment, que la possession se soit manifestée au grand jour, soit par l'ouverture de soupiraux, soit par une entrée publique.

§ 5. *De la possession à titre de propriétaire.*

L'art. 2229, en parlant de la possession à l'effet de prescrire, dit qu'elle doit être *à titre de propriétaire;* l'art. 23, C. pr., traitant des actions possessoires, dit que la possession doit être *non précaire.* Ces deux expressions ont le même sens, et ce qui le prouve, c'est que l'art. 2236, en s'occupant des personnes qui détiennent pour autrui, reproduit l'expression du Code de procédure, en disant que ces personnes détiennent précairement.

La possession à titre de propriétaire ou non-précaire est celle qui s'exerce à titre de maître, avec l'intention de jouir de la chose, à l'exclusion de tout autre.

Le mot précaire n'a pas chez nous la même signification que chez les Romains. En droit romain, le précaire étant une concession faite par une personne à une autre, et révocable à la volonté du concédant. Dans notre droit, le détenteur précaire est celui qui détient en vertu d'un titre qui implique reconnaissance du droit d'autrui.

L'art. 2230 nous indique quelles personnes sont détenteurs à titre précaire. Toutefois, cette énumération est incomplète; et nous verrons qu'il y a d'autres détenteurs dont le titre est, pour cela cause, frappé d'impuissance absolue, par rapport à la prescription.

Nous pouvons ranger les détenteurs précaires dans deux grandes catégories : la première comprend ceux qui ne sont investis de la détention que dans l'intérêt d'autrui ; la précarité de ces détenteurs est entière. Ces personnes, qui détiennent la chose *tanquam alienam*, dans toute l'étendue du mot, sont les fermiers, les locataires, les mandataires, les envoyés en possession des biens d'un absent, le mari administrateur des biens de sa femme, les créanciers gagistes.

La seconde catégorie se compose de ceux qui sont en rapport avec la chose, tant dans l'intérêt d'autrui que dans le leur ; leur position est *animo domini* sous un rapport, et *alieno nomine* sous un autre. Ce sont ceux qui se posent comme ayant un droit réel sur la chose, par exemple, un droit d'usufruit ou d'usage. L'usufruitier et l'usager reconnaissent bien le droit du nu-propriétaire, mais ils possèdent pour leur compte le droit d'usufruit ou d'usage. Par conséquent, ceux qui ont acheté *a non domino* un droit d'usufruit ou d'usage, les acquièrent par prescription, en les exerçant pendant le temps requis par la loi. Il faut en dire autant de celui qui a acheté *a non domino* une servitude continue ou apparente.

Le vice de précarité est un vice absolu, à la différence de la clandestinité et de la violence, dont l'effet est purement relatif. Cela tient, sans doute, à ce que l'*animus Domini* est un élément indispensable de la possession. La possession clandestine ou violente est une possession ; mais, sans l'*animus domini*, il y a absence absolue de possession, et, par suite, impossibilité de prescrire à l'encontre de qui que ce soit.

La précarité ne cesse point quand la cause qui l'a produite vient à cesser elle-même. Ainsi, les fermiers, dépositaires, etc., peuvent bien, au bout de trente ans, se libérer des obligations personnelles dont ils sont tenus en vertu du contrat de bail ou de dépôt; mais ils ne peuvent se soustraire en même temps à l'action en revendication exercée contre eux par le propriétaire.

La loi a voulu que le détenteur précaire ne pût jamais prescrire, à cause du vice originel de sa possession. Aussi, nos anciens auteurs disaient-ils : *Melius est non habere titulum quam habere vitiosum.* En effet, le *prœdo*, celui qui ne peut donner d'autre raison de sa possession que cette possession même, peut prescrire, tandis que le détenteur précaire ne le pourra jamais.

Pour motiver cette règle, on peut dire que, quand une chose est possédée, même par un *prœdo*, la vigilance du propriétaire doit le porter à exercer son droit au plus tôt. Au contraire, lorsqu'une chose est détenue au nom et pour le compte du propriétaire, celui-ci n'a à rien craindre ; il n'agit pas, parce qu'il croit n'avoir pas besoin d'agir.

Les détenteurs précaires ne peuvent donc jamais prescrire contre qui que ce soit. Mais la loi va plus loin ; elle consacre, dans l'art. 2237, une disposition prohibitive semblable à l'égard de leurs héritiers.

On a critiqué la loi sur ce dernier point ; on a dit que son système est exagéré, qu'il anéantit, dans bien des cas, le bienfait de la prescription, et présente le grave inconvénient de laisser la propriété perpétuellement incertaine. Un bien peut être resté dans une famille pendant plusieurs siècles ; s'il a été tenu précairement par le premier ancêtre qui l'a possédé, ses héritiers, *in infinitum*, n'auront pas la certitude d'en être propriétaires, s'ils ne sont à même de prouver que le titre précaire a été interverti, conformément à l'art. 2238.

Pour expliquer cette disposition rigoureuse de l'art. 2237, qui perpétue le vice de précarité dans la personne des héritiers, on a dit que les héritiers succèdent aux obligations de leur auteur. Cette obligation est fondée en matière de bail, de dépôt, de commodat, de mandat, parce qu'ici il est vrai de dire que les héritiers succèdent aux obligations de leur auteur. Mais il n'en est pas de même des héritiers de l'usufruitier. L'usufruit est temporaire; c'est un titre essentiellement viager qui ne se transmet pas aux héritiers; et cependant les héritiers de l'usufruitier, qui n'auront jamais la qualité de leur auteur, restent toujours considérés comme détenteurs précaires.

En présence de l'extension outrée que le Code donne au principal de la précarité, certaines personnes ont proposé de n'appliquer les art. 2236 et 2237 qu'aux détenteurs qui y sont énumérés, et de ne pas les étendre aux autres détenteurs à titre précaire. Ces derniers, par conséquent, pourraient commencer à proscrire dès le moment où vient à cesser la circonstance qui faisait la précarité de leur titre; mais ce serait là, selon nous, une violation manifeste des art. 2236 et 2237, qui disposent en termes généraux et ne citent le fermier, le dépositaire, l'usufruitier, qu'à titre d'exemple.

Si les héritiers continuent la détention précaire de leur auteur, il n'en est pas de même des successeurs à titre singulier, à qui les fermiers ou autres détenteurs précaires ont transmis la chose par un titre translatif de propriété. L'art. 2259 suppose que le détenteur précaire cède la chose à un tiers. Cet acquéreur ne succède pas à la précarité du titre de son auteur ; une possession utile commence en sa personne.

Certaines personnes pensent qu'il est nécessaire que le fermier ou autre détenteur précaire fasse tradition de la chose à l'acquéreur, ou qu'à défaut de tradition, celui-ci fasse signifier son titre d'acquisition à celui au nom duquel l'aliénateur possédait. Mais nous croyons que ce sont là des conditions arbitraires que la loi n'exige ni explicitement, ni implicitement. Cependant, il faut que la possession du nouvel acquéreur réunisse toutes les qualités requises. Si elle avait un caractère clandestin ou équivoque, elle serait évidemment sans utilité ; mais ce ne serait pas par défaut de tradition ou de signification ; ce serait uniquement parce qu'elle ne présente pas tous les caractères exigés par l'art 2229.

Le détenteur précaire ne peut commencer à prescrire par cela seul qu'à un moment donné il lui plaira d'avoir *l'animus domini*. L'art. 2240, qui a été puisé dans le droit romain, précise limitativement les deux circonstances desquelles peut résulter l'interversion du titre précaire. Mais, à Rome, la maxime *nemo potest sibi ipse causam possessionis mutare* avait une portée bien moins grande que dans notre droit. Cette maxime, en effet, ne pouvait s'appliquer à l'usucapion proprement dite, puisque l'une des conditions essentielles de l'usucapion était la bonne foi. Elle ne pouvait se rapporter qu'aux cas spéciaux où la bonne foi n'était pas requise, comme dans l'usucapion *pro herede* ou la *præscriptio longi temporis*. Mais, sous l'empire du Code, cette maxime s'applique à tous les cas où la prescription procède par trente années.

Examinons maintenant comment s'opérera l'interversion de la posssession *animo domini*. L'art. 2238 ne reconnaît que deux causes d'interversion.

1° Une cause venant d'un tiers;

2° La contradiction opposée au droit du propriétaire.

1° Cause venant d'un tiers. — Cette cause se produit toutes les fois que le détenteur précaire reçoit la chose d'un autre que le propriétaire, et par un acte qui, de sa nature, est translatif de propriété.

Ici se présentent deux questions, sur la solution desquelles les auteurs ne sont pas d'accord. Et d'abord on a soutenu que, dans le cas d'interversion par l'effet d'un tiers, le détenteur doit notifier son nouveau titre à celui pour le compte duquel il tenait la chose, afin de l'avertir formellement de son changement d'intention. Nous ne sommes pas de cet avis. En effet, non-seulement il serait arbitraire d'assujettir à cette notification, mais ce serait rayer d'un seul trait la première cause d'interversion. Ce serait décider, contrairement à l'art. 2238, que la détention précaire ne peut être intervertie que par la contradiction opposée au droit du propriétaire. Nous croyons donc que le détenteur précaire n'aura pas besoin de notifier son titre pour commencer à prescrire, pourvu que sa possession satisfasse à toutes les conditions requises.

La seconde difficulté est la suivante. Le détenteur précaire, au profit duquel existe la première cause d'interversion, doit-il être de bonne foi, c'est-à-dire dans la persuasion que la chose appartient à celui duquel il la reçoit? On a soutenu l'affirmative, sur ce motif qu'il serait facile sans cela d'éluder la loi et d'intervertir le titre précaire au moyen d'un acte frauduleux.

Cette doctrine nous paraît inexacte. La mauvaise foi, en effet, n'est pas un obstacle à la prescription. Tout ce qui peut résulter d'une possession injuste, c'est de rendre celui qui l'exerce incapable d'invoquer la prescription de dix à vingt ans. Toutefois, il faut, suivant nous, que le titre sur lequel se fonde l'interversion, soit un titre sérieux, qu'il n'ait pas été fabriqué tout exprès pour le besoin du moment. Si donc le titre est sincère, s'il émane d'une personne qui passe dans le pays pour propriétaire de la chose et qui se comporte comme tel, il n'est pas nécessaire que le détenteur croie réellement que la chose lui appartient. L'interversion aura lieu, et le détenteur, s'il est de mauvaise foi, prescrira par trente années.

2° **Contradiction opposée au droit du propriétaire.** — Pour que cette cause d'interversion se réalise au profit du détenteur, il faut qu'il déclare son changement de volonté à celui au nom duquel il tient la chose, qu'il lui signifie formellement, soit par des paroles, soit par des actes, qu'il entend désormais posséder pour son compte.

On s'est demandé comment pouvait se prouver la contradiction. Les auteurs sont divisés à ce sujet. Nous pensons que, puisque la loi n'a pas limité les faits qui constituent la contradiction, qui peut résulter d'un acte dont il a été impossible de se procurer une preuve écrite (1348), d'une voie de fait, par exemple, la contradiction pourra se prouver tant par titres que par témoins.

Dans les art. 2230 et 2231 la loi pose deux présomptions très-sages. La première est qu'on est toujours présumé posséder *animo domini*, s'il n'y a preuve contraire. Par la seconde, le possesseur, qui a commencé à posséder pour autrui, est présumé posséder toujours au même titre, à moins qu'il ne prouve qu'il est dans l'un des deux cas d'interversion réglés par l'art. 2238.

Nous terminerons la matière de la précarité par

l'examen de deux questions délicates auxquelles elle a donné lieu.

Un donateur, qui ne livre pas la chose donnée, possède-t-il précairement ? Les partisans de l'affirmative s'appuient sur cette idée, que détenir une chose en une qualité qui implique l'obligation de la restituer, c'est la détenir précairement. Or, disent-ils, comme le donateur est obligé de livrer la chose donnée, c'est un détenteur précaire ; donc la prescription ne peut courir à son profit.

Nous ne pensons pas que cette opinion soit conforme aux principes. Toute obligation de rendre une chose n'est pas constitutive de la précarité.

S'il en était autrement, le voleur, par exemple, ne pourrait jamais prescrire, et cependant, tout le monde convient qu'il a, au plus haut degré, l'*animus domini*. Selon nous, l'obligation de rendre la chose ne peut fonder la précarité, que lorsqu'elle est une condition de la possession acquise. Quand, au contraire, cette obligation n'est qu'un effet de la possession acquise, ou la conséquence d'un titre autre que celui en vertu duquel on possède, aucun obstacle ne peut s'opposer à la réalisation de la prescription acquisitive.

Toutefois, deux tempéraments doivent être apportés à notre solution. Si, dans l'acte de donation, il a été inséré une clause par laquelle la chose donnée ne devra être livrée que dans un certain temps, le titre expliquant alors la continuation de la détention du donateur, ce dernier sera considéré comme détenteur précaire jusqu'à l'expiration du terme fixé pour la délivrance.

De même, si ce donateur conserve la chose à titre de bail ou de dépôt au nom du donataire, on ne saurait élever le moindre doute sur la précarité de la détention du donateur.

Nous déciderons de même si, au lieu d'un donateur, nous supposons un vendeur qui ne livre pas la chose, mais qui en conserve la possession. Toutefois, nous mentionnerons une troisième exception à notre principe. Aux termes de l'art. 1612, C. Nap., le vendeur n'est pas tenu de délivrer la chose, si l'acheteur n'en paye pas le prix; il jouit alors du droit de rétention. Dans ce cas, comme le titre de vente explique la détention du vendeur jusqu'au payement du prix, celui-ci sera et restera jusqu'à ce moment détenteur précaire.

§ 6. *De la possession non équivoque.*

La sixième et dernière qualité de la possession à l'effet de prescrire, c'est d'être non équivoque. On peut dire que la possession est non équivoque quand il n'existe aucune incertitude sur ses éléments et ses caractères, tels que nous venons de les énumérer. L'équivoque naît de l'insuffisance des preuves que doit fournir le possesseur.

Mais il me semble que, pour l'administration de ces différentes preuves, il était inutile de dire expressémeent qu'elles doivent exclure toute équivoque : cela allait de soi, et l'art. 2229, en exigeant que la possession fût non équivoque, n'a pas pu avoir trait à la preuve de ces différents faits.

Quel est donc l'intérêt pratique des mots : *non équivoque* de l'art. 2229, et dans quel cas ont-ils vraiment une signification ?

Dans les hypothèses des art. 2234, et 2230, je dis que le caractère non équivoque que la loi exige de la possession, présente un grand intérêt. Il suffira, en effet, pour faire disparattre les présomptions dont parlent ces articles, de jeter du doute sur l'existence des faits, dont la loi dispense le possesseur de faire la preuve. Ainsi, pour paralyser l'effet des présomptions des art. 2230 et 2234, il n'est pas nécessaire de fournir la preuve contraire, complète et absolue; un simple doute peut imprimer à la possession un caractère équivoque, qui empêche la prescription.

Nous pensons donc que le Code, en exigeant expressément dans l'art. 2229 que la possession soit non équivoque, fournit au propriétaire un moyen fort important d'écarter les présomptions établies au profit du possesseur par les art. 2230 et 2234.

§ 7. *Des actes de pure faculté ou de simple tolérance.*

L'art. 2232 est ainsi conçu : « Les actes de pure faculté et ceux de simple tolérance ne peuvent fonder ni possession ni prescription. » Cette règle, formulée en termes assez obscurs, a besoin d'être bien comprise.

Actes de pure faculté. — Je crois que voici l'idée bien simple qu'ont eue les législateurs en édictant notre article. Pour que la prescription acquisitive coure contre le propriétaire, il ne suffit pas qu'il n'exerce pas son droit ; il faut que ce droit soit violé, exercé par une autre personne contre lui. Ne pas exercer son droit de propriété, quand un autre ne l'exerce pas, est un acte de pure faculté qui ne peut fonder contre nous aucune prescription.

Les articles 641 et 642 nous offrent un exemple frappant de ce que nous avançons. Pendant de longues années, je laisse ma source couler sur le fonds voisin, puis je me décide un beau jour à la détourner ; mon voisin ne peut m'empêcher de retenir les eaux sur mon fonds ou d'en changer la direction, parce qu'il n'a pas possédé contre moi. Mais supposons que mon voisin ait fait des ouvrages apparents destinés à faciliter la chute et le cours de l'eau dans sa propriété, cet acte a constitué une violation de mon droit, une sorte de possession qui l'a conduit à l'acquisition de la servitude.

L'art. 676 nous offre encore un exemple d'un acte de pure faculté.

En dehors des servitudes non apparentes, il est assez difficile de trouver des cas d'application de cette disposition. Aussi, peut-on dire que la première partie de l'art. 2232 n'est que la reproduction, sous une autre forme, de la disposition de l'art. 691, d'après laquelle les servitudes non apparentes ne peuvent s'acquérir par prescription.

Actes de simple tolérance. — Les actes de simple tolérance sont ceux que l'on fait sous le bon vouloir d'un autre, qui demeure le maître de les faire cesser quand il le trouve à propos (Dunod, *prescript.*, p. 80.). Ce sont des actes qu'un autre supporte par familiarité et à titre de bon voisinage, à raison même du peu de préjudice qu'ils lui causent.

C'est sur ce motif qu'est fondée l'imprescriptibilité des servitudes discontinues et non sur une prétendue impossibilité de les posséder d'une manière continue.

La question de savoir si tel fait est un acte de tolérance, ou un acte de maître, est un point qui devra se décider d'après la nature du fait, sa gravité et ses diverses circonstances.

SECTION II.

De l'accession des possessions.

Pour invoquer la prescription, il n'est pas nécessaire d'avoir possédé par soi-même ou ses représentants pendant tout le temps requis par la loi.
L'art. 2235 décide, en effet, qu'on peut joindre à sa
possession celle de son auteur, de celui auquel on
a succédé à titre onéreux ou à titre gratuit. Il s'en
faut que cet article, tel qu'il est rédigé, exprime
exactement la pensée du législateur. A le prendre à
la lettre, il n'y aurait aucune différence à faire entre les successeurs particuliers et les successeurs
universels. Mais il n'en est pas ainsi.

Le successeur universel représente son auteur
pour tout l'ensemble de ses droits et obligations. Il
continue donc sa possession ; il la prend telle qu'elle
a existé dans ses mains, avec ses vices et ses qualités. Il ne faut donc pas dire, comme la loi, qu'il
peut joindre la possession de son auteur à la sienne;
il n'est pas libre d'accepter ou de répudier cette
possession.

Pour le successeur particulier, au contraire, l'article 2235 exprime parfaitement ce qui arrive. En
effet, la possession du successeur particulier et celle
de son auteur sont deux possessions distinctes, in-

dépendantes l'une de l'autre. Le successeur particulier, à la différence du successeur universel, a donc
la faculté d'accepter ou de répudier la possession de
son auteur.

Ces principes posés, nous allons en déduire des
conséquences pratiques fort importantes.

Si la possession du successeur universel n'est que
la continuation de celle de son auteur, il en résulte
que, pour déterminer les qualités de la seconde,
c'est à l'origine de la première qu'il faut se repor-
ter. D'après l'art. 2269, pour qu'une possession
soit de bonne foi et autorise à prescrire par dix ou
vingt ans, il faut que la bonne foi ait existé au
commencement de la possession, et cela suffit. Le
successeur universel, quand même il serait de mauvaise foi au moment où commence sa possession,
aura l'avantage de pouvoir prescrire par dix ou
vingt ans, si la possession de son auteur a été de
bonne foi *ab initio*.

Mais dans d'autres circonstances, sa position n'est
pas aussi favorable. Supposons, en effet, que l'auteur ait eu une détention précaire, le successeur
universel, ne faisant que continuer cette détention, lors même qu'il a au plus haut degré *l'animus
domini* et qu'il est de la meilleure foi du monde, ne
pourra jamais prescrire. Si nous supposons que
l'auteur a été de mauvaise foi dans l'origine, le suc-

cesseur universel ne pourra prescrire que par trente ans, en joignant forcément à sa possession celle de son auteur

Quand au successeur particulier, sa possession et celle de son auteur ont chacune une existence propre.

Si l'auteur ne prescrivait pas, parce qu'il était détenteur précaire, le successeur particulier pourra néanmoins prescrire, sans toutefois joindre la possession précaire de son auteur à la sienne.

Si l'auteur et le successeur particulier sont tous deux de mauvaise foi, celui-ci prescrira par trente ans, en joignant à sa possession celle de son auteur.

Si, au contraire, ils sont tous deux de bonne foi, le successeur particulier prescrira par dix ans, en joignant la possession de son auteur à la sienne.

Mais si l'auteur est de mauvaise foi et le successeur particulier de bonne foi, ce dernier commencera en sa personne une possession privilégiée, qui, aux termes de l'art. 2265, conduit à la prescription par dix ou vingt ans. Mais il ne pourra se servir de la possession de son auteur, à moins que celui-ci, ayant possédé pendant vingt-cinq ans, le successeur particulier ne préfère se servir de la prescription trentenaire, pour n'avoir plus à posséder que pendant cinq ans.

Si, maintenant, nous supposons l'auteur de

bonne foi et le successeur particulier de mauvaise foi, ce dernier ne pourra prescrire que par trente ans, en joignant à sa possession le temps pendant lequel son auteur a possédé lui-même. Dans la même hypothèse, le successeur universel aurait pu prescrire par dix ou vingt ans.

CHAPITRE II.

DU TEMPS REQUIS POUR PRESCRIRE.

La seconde condition de toute prescription, c'est le laps de temps. Cette condition est nécessaire surtout dans la prescription acquisitive, où il peut s'agir de déplacer la propriété, de la faire passer de la tête d'une personne sur celle d'une autre. Les conditions de temps peuvent varier dans la prescription acquisitive à raison de certaines considérations de faveur, qui militent pour le possesseur ; c'est ce que nous verrons plus tard. Nous n'avons à nous occuper ici que du mode de calcul consacré par la loi en matière de prescription.

L'art. 2260 nous dit que la prescription se compte par jours et non par heures. La loi a voulu éviter les nombreuses difficultés qu'aurait soulevées la question de savoir avec précision à quel moment du jour doit se placer l'origine de la prescription. Les jours se comptent de minuit à minuit. Cela posé, on se demande s'il faut compter ou non dans ce temps de la prescription le *dies a quo*.

Un premier système compte le *dies a quo* tout entier aussi bien dans la prescription libératoire que dans la prescription acquisitive, et il en donne pour raison que le possesseur ou le débiteur a pu être interpellé ce jour-là.

Un second système distingue entre la prescription libératoire et la prescription acquisitive ; il rejette le *dies a quo* tout entier dans la première, et le compte, au contraire, tout entier dans la seconde. En matière de prescription acquisitive, disent les auteurs de ce système, le possesseur qui a commencé la prescription à la dernière heure du jour, a réellement possédé ce jour-là, et comme la prescription se compte par jour et non par heure, le *dies a quo* doit lui être compté tout entier. Dans la prescription libératoire, au contraire, le créancier ne peut poursuivre son débiteur le jour de l'échéance de la dette, puisque ce jour appartient en entier à ce dernier ; la prescription ne peut donc commencer que le lendemain, et le *dies a quo* doit être rejeté en entier.

Nous ne saurions admettre ces décisions. Le Code s'est expliqué formellement pour le *dies ad quem*, parce qu'il avait existé, quant à lui, des distinctions qu'il n'a pas voulu admettre. S'il n'a rien dit du *dies a quo*, c'est qu'il a voulu suivre le mode de calcul de l'ancien droit : *dies a quo præfigitur terminus non computatur in termino* (Dumoulin, Paris, art. 18, n° 2).

Nous pensons donc qu'on ne doit pas s'occuper des fractions du premier jour, et qu'il faut nécessairement que le dernier jour du terme soit accompli.

Passons maintenant à l'examen de deux circonstances importantes qui viennent modifier d'une manière considérable la durée et le temps de la prescription.

SECTION I.

De l'interruption.

L'interruption diffère profondément de la suspension ; elle brise et met à néant la prescription qui était en voie de s'accomplir. La suspension, au contraire, est un temps d'arrêt, qui laisse pleinement efficace la partie précédemment acquise.

Il existe deux espèces d'interruption : l'interruption naturelle et l'interruption civile (2242).

La prescription est interrompue naturellement, nous dit l'art. 2253, lorsque le possesseur est privé pendant plus d'un an de la jouissance de la chose, soit par l'ancien propriétaire, soit par un tiers. La prescription ne se trouve interrompue, pour ainsi dire, que par le contre-coup de l'interruption de la possession elle-même. D'où il résulte que l'interruption naturelle produit des effets absolus, parce qu'elle vient anéantir l'élément essentiel de la prescription acquisitive, la possession, tandis que l'interruption civile, ne portant aucune atteinte à la possession, ne produit que des effets relatifs. La preuve en est dans l'art. 2243 lui-même. C'est aussi ce que décidaient les jurisconsultes romains, et notamment Gaïus, dans la loi 5, au Dig., *de usurp. et usucap.*

Il y a encore interruption naturelle, quand la chose possédée, de prescriptible qu'elle était, devient imprescriptible. Mais il faut pour cela que la chose soit mise hors du commerce d'une manière absolue, et non point seulement en considération de la personne du propriétaire. Dans c dernier cas, il n'y a point interruption, comme nous le prouve l'art. 1561, par rapport aux immeubles dotaux.

Y a-t-il interruption naturelle quand le possesseur abdique purement et simplement la possession, quand il a l'*animus non possidendi?* L'opinion la plus générale est que, dans ce cas, il y a discontinuité, et non pas interruption de la possession. Quoi qu'il en soit, cette abdication efface le temps qui a couru et le rend complétement inutile pour la prescription.

Dans les différents cas d'interruption naturelle, l'ancienne possession est définitivement perdue, et le possesseur qui reprend la chose commence une possession nouvelle et une nouvelle prescription. Toutefois, il est considéré comme recommençant à posséder la chose en vertu du même titre qui fondait sa première possession : *interruptio nihil facit contra titulum.*

Il n'en est pas de même en ce qui concerne la bonne foi. On ne peut ici appliquer cet adage : *mala fides superveniens non impedit usucapionem.* Cet adage ne s'applique qu'au cas où la mauvaise foi survient dans le cours d'une seule et unique possession. La seconde possession doit donc être accompagnée de bonne foi *ab initio* pour conduire à la prescription décennale.

L'interruption civile résulte de cinq causes différentes énumérées dans les art. 2244, 2245 et 2248. Ces causes sont la demande en justice, le commandement, la saisie, la citation en conciliation, la reconnaissance émanée de celui qui prescrit.

De la demande en justice. — La demande en justice est la première cause d'interruption civile de la prescription. La loi dit *une citation en justice,* mais il faut généraliser son expression. En effet, toute demande en justice, par citation ou autrement, interrompt la prescription. Les demandes reconventionnelles, quoique se formant sans citation, interrompront la prescription.

La demande en justice interrompt la prescription, non-seulement pour le temps antérieur, mais aussi pour tout le temps que durera l'instance : «*actiones quæ tempore pereunt, semel inclusæ judicio, salvæ permanent.* »

La demande en justice est interruptive de la prescription, même lorsqu'elle est formée devant un juge incompétent (2246). Cette disposition est fondée sur les difficultés que présentent les questions de compétence. La loi ne distingue pas entre l'incompétence *ratione personæ* et l'incompétence *ratione materiæ*.

L'interruption, formée par la demande judiciaire, n'est que conditionnelle ; elle est subordonnée au résultat ultérieur de la demande. L'art. 2247 nous dit que l'interruption est regardée comme non avenue, si l'assignation est nulle pour vice de forme, si le demandeur se désiste de sa demande, s'il laisse périmer l'instance, ou si sa demande est rejetée.

Le désistement rend aussi l'interruption sans effet. Il est évident qu'il ne peut être question ici que du désistement portant sur l'instance. Si le désistement portait sur le droit lui-même, il ne saurait être question d'interruption ou de non-interruption de la prescription, puisque l'abandon du droit laisse au possesseur la propriété même de la chose, et qu'alors la prescription n'a plus d'objet.

L'effet interruptif de la demande est encore non avenu, quand il y a péremption de l instance par la discontinuation des poursuites pendant trois ans, ou trois ans et demi, suivant les cas. L'instance est anéantie y compris l'exploit d'ajournement et avec eux l'interruption de la prescription (art. 397. — 401 C. pr).

Enfin, le rejet de la demande est la quatrième circonstance qui fait disparaître l'interruption résultant de la demande judiciaire.

Commandement. — Le commandement (2244) est un acte par lequel une personne commande, par ministère d'huissier, à une autre personne d'exécuter, soit un jugement, sort une obligation souscrite dans un acte exécutoire, en lui déclarant qu'à défaut d'exécution, elle y sera contrainte par les voies légales.

Sous un rapport, le commandement est plus énergique que la demande en justice elle-même. Celle-ci, en effet, se périme par trois ans ou trois ans et demi, suivant les cas; le commandement, au contraire, ne tombe pas en péremption, parce qu'il n'est pas un acte judiciaire; il ne saurait s'éteindre que par la prescription de trente ans.

Sous un autre rapport, le commandement est

moins efficace qu'une demande en justice; car cette dernière maintient l'interruption pendant toute la durée de l'instance, d'après la maxime : *actiones quæ tempore pereunt, simul inclusæ judicio, salvæ permanent*, tandis que le commandement, après avoir effacé le temps antérieur, laisse recommencer immédiatement une prescription nouvelle.

Saisie. — La saisie (art. 2244) est un acte d'exécution sur les biens ou sur la personne du débiteur. La force interruptive de la saisie est utile, parce que le commandement n'interrompt la prescription que pour le passé, et que la saisie renouvelle l'interruption pour tout le temps qui a pu courir entre le commandement et cette saisie.

Citat in en conciliation. — (2245). Dans les cas où la loi exige le préliminaire de la conciliation, si cette citation n'interrompait pas la prescription, une personne aurait pu se voir dans l'impossibilité d'empêcher la réalisation d'une prescription qui n'avait plus que quelques jours à courir pour être acquise. Il était nécessaire de donner, en ce cas, à la citation une force interruptive. Mais la citation en conciliation n'interrompt la prescription qu'à la condition d'être suivie dans le mois d'une demande en justice.

Reconnaissance. — La dernière cause d'interruption civile de la prescription acquisitive, c'est la reconnaissance que le possesseur fait du droit de celui contre lequel il prescrit (2248).

On peut se demander quelle différence sépare la reconnaissance et la renonciation à la prescription acquise. Voici en quoi elle consiste. La renonciation à la prescription acquise n'a qu'un effet relatif, restreint à la personne du possesseur dont elle émane; la reconnaissance du droit du propriétaire interrompt la prescription non-seulement contre le possesseur, mais aussi contre ceux à qui il a concédé sur la chose des droits réels non susceptibles de prescription.

La reconnaissance est expresse ou tacite (2221). Elle peut résulter d'un acte, soit authentique, soit sous-seing privé, soit même d'une simple lettre missive ou d'une déclaration verbale. Dans ce dernier cas, la reconnaissance pourra être prouvée par témoins, si l'intérêt du propriétaire ne dépasse pas cent cinquante francs, et, dans le cas contraire, s'il y a commencement de preuve par écrit (art. 1347).

La reconnaissance tacite résultera de certaines circonstances dont les tribunaux seront appréciateurs souverains.

SECTION II.

De l'interruption.

La suspension, comme nous l'avous déjà dit,

laisse subsister le temps passé, à la différence de l'interruption qui l'efface et le rend non avenu.

L'art. 2251 pose en règle générale que la prescription court contre toutes personnes, à moins qu'elles ne soient dans quelque exception établie par une loi.

La prescription court contre les absents ; seulement, les envoyés en possession des biens d'un absent, ne peuvent prescrire contre lui ; ils sont détenteurs précaires. Ils répondent, en leur qualité d'administrateurs, de toutes les prescriptions qu'ils laissent accomplir par leur faute.

Voyons maintenant les causes de suspension de la prescription acquisitive, qui sont : la minorité, l'interdiction, l'état d'époux, la qualité d'héritier bénéficiaire.

Minorité. — L'art. 2252 nous dit que la prescription ne court pas contre les mineurs.

La loi ne distingue pas entre le mineur émancipé et le mineur non émancipé ; l'un et l'autre jouissent du bénéfice de la suspension.

Les mineurs ayant un tuteur qui les représente, il semble que la prescription aurait dû courir contre eux, sauf leur recours contre leur tuteur. Mais, comme ils sont incapables de surveiller leur tuteur, la loi n'a pas voulu qu'ils fussent victimes d'une faute qui n'est pas la leur.

Interdiction. — Dans l'art. 2252, la loi assimile les interdits aux mineurs, et ce qui vient d'être dit pour ceux-ci s'applique également à ceux-là. Mais il faut bien se garder d'étendre le bénéfice de la suspension aux personnes atteintes d'imbécillité, de démence ou de fureur, mais non interdites, ni aux personnes pourvues d'un conseil judiciaire pour cause de faiblesse d'esprit ou de prodigalité. Il s'agit ici d'une exception ; or, une exception ne peut s'étendre au-delà des cas prévus.

La suspension s'applique également aux personnes frappées d'interdiction légale, par suite d'une condamnation à des peines afflictives ou infamantes. Ces personnes, il est vrai, n'ont rien de favorable, mais la disposition de l'art. 2252 est absolue ; elle est fondée sur l'impossibilité d'agir, dans laquelle se trouvent les interdits.

De l'état d'époux. — Aux termes de l'art. 2253, la prescription ne court pas entre époux. Deux raisons motivent cette disposition. D'abord, il eût été contraire à la nature de la société du mariage, comme le dit avec raison l'Exposé des motifs, que les droits de chacun des époux ne fussent pas, l'un à l'égard de l'autre, respectés et conservés. En second lieu, les époux étant incapables de se faire des libéralités indirectes irrévocables, si la prescription eût couru entre eux, rien n'eût été plus facile que d'éluder cette prohibition de la loi.

De la qualité d'héritier bénéficiaire. — La prescription est encore suspendue entre une succession et l'héritier qui l'a acceptée bénéficiairement. L'art. 2258, qui formule cette disposition, dit seulement que la prescription ne court pas contre cet héritier pour les créances qu'il a sur la succession ; mais les principes nous commandent d'élargir cette disposition.

La prescription n'est pas suspendue au profit d'une succession vacante ; elle court contre elle sans qu'il y ait à distinguer si elle est ou non pourvue d'un curateur (2258, al. 2).

Remarquons enfin que la prescription court contre une succession, même pendant les trois mois, pour faire inventaire, et les quarante jours pour délibérer (2259), et qu'elle court également à son profit dans les mêmes circonstances.

Nous terminerons cette section par l'examen d'une question qui a, pendant longtemps, divisé les auteurs. Le Code a-t-il maintenu la règle *contra non valentem agere non currit præscriptio?* Nous ne le pensons pas. Cette maxime avait, dans l'ancien droit, donné lieu à une multitude de difficultés, à ce point que la prescription menaçait de n'être plus qu'un vain mot. Le Code est venu remédier à ces abus, en formulant une règle générale dont il n'est plus permis de s'écarter, et qui ne laisse au jurisconsulte aucune faculté d'interprétation (2251).

TROISIÈME PARTIE.

DES DIVERSES ESPÈCES DE PRESCRIPTIONS ACQUISITIVES,

Après avoir étudié les éléments essentiels de la prescription acquisitive, il nous reste à examiner ses diverses espèces. Nous nous occuperons d'abord de la prescription trentenaire, puis nous aborderons la matière plus délicate de la prescription par dix à vingt ans, enfin nous traiterons de la prescription en matière de meubles.

CHAPITRE I.

DE LA PRESCRIPTION TRENTENAIRE.

La prescription trentenaire est la plus longue de toutes les prescriptions de notre Code. Le législateur n'a pas voulu suivre les errements de l'ancienne jurisprudence qui reconnaissait des prescriptions d'une plus longue durée (2262).

La prescription acquisitive de trente ans s'applique non-seulement à la pleine propriété, mais encore à ses divers démembrements, l'usufruit, l'usage, les servitudes continues et apparentes.

Quoique l'art. 579, en indiquant les modes de constitution de l'usufruit, ne fasse point mention de la prescription, tout le monde est d'accord pour suppléer à son silence sur ce point. Les art. 2228 et 2229 combinés, ne nous montrent-ils pas, en effet, qu'on peut posséder un droit aussi bien qu'une chose corporelle ?

Ce qu'on décide pour l'usufruit, on le décide également pour l'usage et l'habitation, et avec raison, puisque l'art. 625 nous dit que ces droits s'établissent de la même manière que l'usufruit.

La prescription acquisitive s'applique-t-elle aux créances et aux rentes ? Nous supposons, bien entendu, qu'il s'agit d'une créance déjà existante et vendue par une personne à qui elle n'appartient pas.

Certaines personnes admettent l'affirmative. En effet, disent-elles, l'art. 2228 nous démontre que la possession peut très-bien s'appliquer à un droit. L'acheteur de la créance jouit de ce droit; il le possède, il est dans les termes de la loi, la prescription acquisitive est possible.

Nous ne croyons pas cette solution admissible. Sans doute, l'article 2228 consacre la possession d'un droit; mais cet article ne saurait être séparé du suivant. L'exercice de la qualité de créancier ne peut pas, en effet, constituer une possession

publique, conformément à l'art. 2220. La perception des intérêts n'a rien de public à l'égard des
tiers, à l'égard du véritable créancier contre lequel
on prescrirait.

Notons que le possesseur trentenaire n'est point
obligé de rapporter un titre qui justifie de sa propriété; la possession lui en tient lieu. C'était le
principe que suivait l'ancienne jurisprudence en
cette matière. Mais le Code innove en un point; il
défend d'opposer au possesseur trentenaire l'exception déduite de la mauvaise foi. Autrefois, le laps
de trente ans dispensait seulement de justifier d'un
titre; mais l'adversaire était admis à administrer la
preuve de la mauvaise foi Le Code ne permet plus
de faire cette preuve.

CHAPITRE II.

DE LA PRESCRIPTION PAR DIX A VINGT ANS.

A l'imitation de plusieurs de nos anciennes coutumes, notamment de la coutume de Paris, le Code
permet, dans des circonstances favorables, la prescription par dix ans entre présents, et par vingt ans
entre absents.

L'art. 2265 décide que celui qui acquiert de
bonne foi et par juste titre un immeuble, en prescrit la propriété par dix ans, si le véritable proprié-

taire habite dans le ressort de la cour impériale dans l'étendue de laquelle l'immeuble est situé, et par vingt ans, s'il est domicilié hors dudit ressort.

Pour invoquer cette prescription privilégiée, il faut :

1° Une possession revêtue de tous les caractères énumérés par l'art. 2229 ;

2° Un juste titre;

3° La bonne foi;

4° Un certain laps de temps.

Nous allons examiner ces trois dernières conditions, la première ayant été traitée d'une manière générale dans le cours de notre travail.

SECTION I.

Du juste titre.

Le mot *titre* a, en droit, des significations fort diverses. Tantôt c'est un écrit (1317), *titre authentique*; tantôt une qualité, *titre d'héritier*; tantôt un fait translatif de propriété, constitutif d'un droit, *titre de vente, de donation*. C'est dans ce dernier sens que l'art. 2265 l'emploie, avec cette modification qu'il n'est translatif de propriété qu'en apparence, parce qu'il faut supposer nécessairement qu'il n'émane pas du véritable propriétaire. Ainsi, le juste titre, exigé pour la prescription décennale, est celui qui eût transmis la propriété, s'il avait été conféré *a domino*.

Aussi le législateur parle-t-il un langage inexact dans l'art. 2265, en disant : *celui qui acquiert de bonne foi...* Si la personne avait acquis, il n'y aurait nul besoin de prescrire, il faut rectifier cette expression en la remplaçant par celle-ci : *celui qui reçoit.*

Examinons maintenant les différents titres qui peuvent servir de base à la prescription.

D'abord la vente, la donation, le legs, le paiement sont, chez nous comme à Rome, de justes titres pour prescrire.

La constitution de dot, que les Romains appelaient titre *pro dote*, n'a plus, dans notre droit, l'importance qu'elle avait chez eux. Aujourd'hui, d'après l'art. 1549 C. N., le mari est seulement administrateur de la dot; il n'en devient pas propriétaire, du moins en général. Dès lors, le titre *pro dote* a conservé, dans notre droit, de rares applications, en matière de prescription.

Si nous nous plaçons dans l'hypothèse de l'art. 1552, nous trouvons un cas où, par exception, le titre *pro dote* peut fonder la prescription décennale. Ainsi, la femme apporte au mari un immeuble, qu'elle lui constitue en dot, avec estimation et déclaration que l'estimation vaut vente, le mari en acquiert la propriété, en supposant, bien entendu, qu'il appartienne à la femme. Si l'immeuble appartient à un tiers, le mari qui l'a reçu de bonne foi, peut, après dix ou vingt ans de possession, invoquer la prescription. On peut objecter qu'au fond de cette opération, il y a plutôt une vente qu'une constitution de dot, et que le mari doit se fonder sur le titre *pro emptore*, et non pas sur le titre *pro dote*; mais, comme cette vente a lieu *dotis causa*, je ne vois pas pourquoi on ne considérerait pas le titre du mari comme un titre *pro dote*, puisque, en définitive, la vente n'a été qu'un moyen de réaliser la constitution de dot elle-même qui domine toute cette opération.

Un autre cas d'application du titre *pro dote* à la prescription se présente sous le régime de communauté. Supposons que la femme ait ameubli un de ses immeubles. L'immeuble ameubli, s'il appartient à un tiers, sera possédé par le mari au titre *pro dote*, et la prescription décennale sera possible.

Le contrat de société est translatif de propriété; il formera donc un juste titre dans le sens de l'article 2266.

Que dire de la transaction? Constitue-t-elle un juste titre pour prescrire? Ainsi deux personnes vont avoir un procès à l'occasion d'un immeuble. Elles se font des sacrifices réciproques ; une partie de l'immeuble est donnée à l'une, l'autre partie reste à l'autre. Y a-t-il là juste titre? non, évidemment parce que, dans cette circonstance, il n'y a pas eu de constitution de droits nouveaux. Dans l'intention des parties, la transaction n'a été que déclarative d'un état préexistant.

Mais nous ferons exception à cette règle toutes les fois que les parties feront figurer dans la transaction des choses qui n'en sont pas l'objet. Un procès s'élève par rapport à l'immeuble A, possédé par Primus. Primus et Secundus conviennent que le premier conservera cet immeuble, et donnera au second un autre immeuble non litigieux, l'immeuble B. La transaction est, dans ce cas, attributive d'un droit nouveau, translative de la propriété de l'immeuble B. Si Primus n'est pas propriétaire de cet immeuble, Secundus le possédera *ex causa transactionis*; et, s'il est de bonne foi, il pourra l'acquérir par dix ou vingt ans. La transaction sera ici un juste titre dans le sens de l'art. 2265.

Le jugement constitue-t-il une cause légale d'acquisition, et, par suite, un juste titre pour la prescription ? Quoique la Cour de cassation ait, à deux reprises différentes, en 1827 et en 1833, décidé cette question dans le sens de l'affirmative, nous ne

croyons pas qu'elle ait fait en cela une saine application des principes. Un jugement n'est pas attributif de propriété, mais simplement déclaratif d'un
droit préexistant. Il ne crée pas la propriété ; il ne
fait que la constater chez celui au profit duquel il
est rendu. On ne saurait y voir un juste titre d'acquisition. Toutefois, il en est autrement du jugement d'adjudication, qui est une espèce de vente, et
auquel on ne peut refuser la vertu translative qui
constitue le juste titre.

Enfin, nous nous demandons si le titre *pro herede* trouvera son application en matière de prescription décennale, s'il pourra constituer, sous le
Code, ce juste titre exigé par l'art. 2265. Les jurisconsultes romains tenaient pour l'affirmative ; Pothier (prescr., n° 64) et Dunod (p. 11 et 12) ont reproduit leurs doctrines sur ce point. Quant à nous,
nous croyons que le Code s'est écarté de cette idée.
Notre législateur ne se contente plus de la croyance
plausible à un titre sans existence réelle, et la prescription privilégiée de l'art. 2265 est impossible.

Nous venons de dire que notre droit ne se contente pas d'un titre putatif, mais qu'il exige un titre
réel, pour admettre au bénéfice de la prescription
décennale. Cette proposition n'est pas admise par
certains auteurs, qui, sur ce point, se reportent à la

théorie romaine. Sans entrer dans la discussion de l'opinion contraire, nous disons ceci : l'art. 2265 exige cumulativement le juste titre et la bonne foi. L'art. 550 vient corroborer sa disposition, en disant que le possesseur est de bonne foi, quand il possède comme propriétaire, en vertu d'un acte translatif de propriété dont il ignore les vices. Il est évident, d'après ces textes, que la loi défend de reconnaître comme efficace une possession qui ne s'appuierait pas sur un titre réel, sur un titre qui eût transféré la propriété, s'il avait été consenti par le véritable propriétaire. Ainsi, le titre putatif ne pourra jamais remplacer le titre réel.

Une seconde condition requise pour que ce titre serve de base à la prescription, c'est qu'il soit valable. L'art. 2267 porte, en effet, que le titre, nul par défaut de forme, ne peut servir de base à la prescription de dix à vingt ans.

Le mot *titre*, qu'emploie l'art. 2267, signifie non pas comme précédemment, un acte juridique, constitutif d'un droit, mais l'écrit destiné à constater l'opération qui est intervenue. Il en résulte que cette disposition ne peut s'appliquer qu'aux cas où un écrit est exigé, non *ad probationem*, mais *ad solemnitatem*, c'est-à-dire aux cas où l'acte translatif n'a aucune existence juridique dans la rédaction d'un écrit. Il est facile de voir dès lors que l'art. 2207 n'a qu'une portée fort restreinte.

SECTION II.

De la bonne foi

Lorsque le juste titre dont nous venons de parler existera, le possesseur sera présumé avoir cru au fait translatif de propriété; mais la preuve contraire sera toujours possible (2268). Cela revient à dire que la seconde condition exigée pour prescrire par dix à vingt ans, c'est la bonne foi. Elle est toujours présumée chez le possesseur; seulement le propriétaire auquel la prescription est opposée, sera admis à prouver, par tous les moyens possibles, que ce possesseur était de mauvaise foi *ab initio*.

La bonne foi ne peut exister sans le juste titre, mais le juste titre peut exister sans la bonne foi.

Pour être de bonne foi, le possesseur doit :

1° Ignorer que la chose qui lui est transmise appartient à autrui;

2° Être persuadé que celui qui la lui transmet a le droit et la capacité de l'aliéner;

3° La recevoir par un titre exempt, à ses yeux, de toute espèce de vice.

Analysons brièvement ces trois éléments dont la bonne foi se compose.

D'abord, le possesseur doit ignorer que la chose appartient à autrui. Cette première condition ne présente aucune difficulté ; le droit romain et notre ancien droit la formulaient à peu près dans les mêmes termes.

Le second élément de la bonne foi, c'est la conviction, chez le possesseur, que celui qui lui transmet la chose a le droit et la capacité de l'aliéner. Ce point est décidé par plusieurs lois au Digeste. Ainsi Paul, L. 27, *de contrah. empt.* Dig., s'exprime en ces termes : « *qui sine tutoris auctoritate a pupillo emit... non videtur bona fide emere.* »

Le troisième et dernier élément de la bonne foi consiste à recevoir la chose par un titre exempt, aux yeux du possesseur, de toute espèce de vice. Cette règle est consignée tout au long dans la loi 6, au Code, de *præscript. long. temp.* : « *Si fraude et dolo, licet inter majores viginti quinque annis, facta venditio est, hanc confirmare non potuit consequens tempus, cum præscriptio in malæ fidei contractibus locum non habeat.* »

C'est à ces trois conditions que la loi attache la faveur qu'elle accorde au possesseur dans l'art. 2265, en le préférant au véritable propriétaire, avant même l'obtention de la prescription ordinaire de trente ans.

Mais à quel moment la bonne foi est-elle ex

du possesseur? La loi répond à cette question dans l'art. 2269. Le droit romain s'était contenté de l'existence de la bonne foi au moment de la tradition, sans tenir compte de la mauvaise foi qui survenait pendant le cours de la possession : *mala fides superveniens non impedit usucapionem.* Le droit canonique, au contraire, exigeait la continuation de la bonne foi pendant toute la durée de la possession, et nos anciens pays de coutume avaient suivi ce principe. Le Code avait à choisir entre ces deux règles opposées, et il a préféré le système romain ; il suffit, nous dit l'art. 2269, que la bonne foi ait existé au moment de l'acquisition.

SECTION III.

Du laps de temps.

C'est par dix ou vingt ans que s'acquiert la prescription privilégiée de l'art. 2265. Ce délai est de dix ans entre présents, de vingt ans entre absents. C'était le délai du droit romain ; mais le Code a innové en deux points. D'abord, l'unité territoriale n'est plus, comme à Rome, la circonscription d'une province, mais le ressort d'une cour impériale. En outre, pour déterminer la présence ou l'absence, on ne s'attache plus, comme chez les Romains, aux domiciles respectifs du propriétaire et du possesseur, mais simplement à la situation de l'immeuble et au domicile de celui contre lequel on prescrit. Ainsi, il y a présence, d'après l'art. 2265, toutes les fois que le véritable propriétaire habite dans le ressort de la Cour impériale dans l'étendue de laquelle l'immeuble est situé; il y a absence toutes les fois qu'il est domicilié hors dudit ressort.

Cette dernière innovation est heureuse ; elle améliore le droit ancien en facilitant au propriétaire la surveillance de son bien.

Il peut arriver que le propriétaire ait eu son domicile, en différents temps, dans le ressort et hors du ressort de la Cour impériale ; la loi a prévu ce cas. L'art. 2266 nous dit qu'il faut alors ajouter à ce qui manque aux dix ans de présence un nombre d'années d'absence double de celui qui manque pour compléter les dix années de présence. Les termes dont se sert la loi sont un peu inexacts ; mais la pensée du législateur n'est pas douteuse. Pour rectifier la formule de la loi, nous dirons donc que ce n'est pas ce qui manque aux dix ans de présence, mais bien aux années de présence déjà accomplies, qu'il faut ajouter un nombre d'années double de celui qui manque pour accomplir les dix années de présence.

On s'est demandé si la loi a envisagé le domicile égal ou bien la résidence habituelle, le domicile de fait de ce propriétaire. La question est controversée. Nous croyons, pour notre part, que la loi se contente d'une simple résidence. En effet, puisqu'elle veut que le propriétaire ait connaissance de l'usurpation de son droit, il est évident qu'il aura plus facilement cette connaissance à raison du lieu où il se trouve qu'à raison de celui où il est consé se trouver par une fiction de la loi.

La prescription décennale est une faveur, une mesure d'exception admise par dérogation aux règles générales sur la prescription ; elle ne saurait donc être étendue au-delà des termes de la loi. L'art. 2265 n'admet à jouir de ce privilége que celui qui acquiert *un immeuble;* il faut donc en conclure qu'il ne peut profiter à ceux qui acquièrent des universalités, soit de meubles, soit d'immeubles.

L'usufruit est un immeuble (526) ; il est susceptible d'hypothèque (2118) ; l'art. 2265 l'embrasse nécessairement dans ses termes généraux.

Les droits d'usage et d'habitation sont aussi des immeubles qui tombent, comme l'usufruit, sous le coup de notre article.

Les servitudes sont aussi des immeubles ; l'art. 526 le déclare expressément. Reçoivent-elles l'application de l'art. 2265 ? Nous ne nous occupons ici que des servitudes continues et apparentes, réservant pour plus tard la question qui s'élève sur la prescriptibilité des servitudes discontinues ou non apparentes constituées par un titre émané *a non domino*. Deux opinions sont en présence.

Dans un premier système, on dit que les servitudes réelles, aussi bien que les servitudes personnelles, sont rangées parmi les immeubles (526); d'où la conséquence qu'elles ne sauraient échapper à la disposition de l'art. 2265.

D'autres personnes soutiennent la négative, en se fondant sur l'art. 690, qui admet la prescription de trente ans pour les servitudes, et exclut par là même celle de dix à vingt ans. Un second argument, employé par ces auteurs, repose sur l'art. 2264. Cet article, dit-on, dispose que les règles de la prescription sur d'autres objets que ceux mentionnés dans le présent titre, c'est-à-dire au siége même de la matière, sont expliquées dans les titres qui leur sont propres. Or, la prescription des servitudes est réglée dans un titre à part (690), donc l'art. 2265 n'est pas applicable. Nous nous rangeons, sans hésiter, à cette seconde opinion.

Nous arrivons tout naturellement à traiter ici la question que nous avons réservée plus haut, celle de savoir si la prescription décennale est applicable aux servitudes discontinues ou non apparentes, quand elles sont exercées pendant le temps nécessaire en vertu d'un titre émané *a non domino*.

Les personnes qui se décident en faveur de la prescriptibilité de ces servitudes, argumentent de l'ancien droit. Ils citent l'autorité de d'Argentré, de Ferrière, de Pothier. Ils transportent dans le Code la doctrine de ces auteurs, et soutiennent que l'art. 691 n'est que la reproduction des dispositions des coutumes de Paris et d'Orléans.

Nous ne pouvons admettre cette doctrine, et nous tenons pour certain que l'art. 692 ne peut se plier à l'interprétation que lui donnent ces auteurs.

En effet, il suffit de rapprocher l'art. 691 des autres dispositions de la section où il est placé pour se convaincre de ce que nous avançons.

Nous terminerons par l'examen d'une question délicate sur l'art. 2265. La prescription privilégiée de cet article s'applique-t-elle à l'extinction des charges qui grèvent un immeuble possédé de bonne foi pendant dix ou vingt ans ?

Cette question est controversée, et donne lieu à trois opinions différentes.

La première refuse à la prescription de l'article 2265 l'effet d'éteindre les charges qui grèvent un immeuble acquis *a domino* ou *a non domino*, peu importe. Ce premier système n'admet l'extinction des servitudes que dans le cas de non-usage pendant trente ans.

Le second système résout la question par une distinction. Quand une personne acquiert *a non domino* un immeuble grevé d'une servitude, la prescription décennale a pour objet de lui faire acquérir la propriété de la chose, et, comme la servitude n'est qu'un fragment de la propriété, ce fragment se trouvera acquis avec le reste de la propriété. Au contraire, quand une personne acquiert du vrai propriétaire un fonds qu'elle regarde comme libre de toute charge, il s'agit de prescrire non plus le fonds, mais la charge qui le grève ; c'est une prescription à l'effet de se libérer, et la prescription libératoire d'une servitude est toujours de trente ans.

Nous n'admettons ni l'un ni l'autre de ces systèmes. Selon nous, le possesseur acquiert par la prescription décennale, comme par la prescription trentenaire, la propriété franche de toutes les charges qui pesaient sur elle.

CHAPITRE III.

DE LA PRESCRIPTION DES MEUBLES.

Les meubles sont soumis, dans notre droit, à une prescription spéciale, réglée par les articles 2279 et 2280.

Nous ne trouvons, dans l'ancien droit français, rien de fixe par rapport à la prescription des meubles. Elle n'avait pas été réglementée, en général, parce que ces biens étaient considérés comme choses viles et de peu d'importance, suivant cet ancien adage : *vilis mobilium possessio*. Toutefois, dans certaines coutumes, on admettait la prescription de trente ans, et on rejetait l'imprescriptibilité des meubles volés. De plus, un usage remarquable s'était établi au Châtelet de Paris. La revendication d'un meuble n'était pas autorisée contre un possesseur de bonne foi, et ainsi l'acquéreur d'un meuble aliéné *a non domino* en devenait propriétaire par l'effet instantané de sa possession. Cette règle avait été résumée par Bourjon en ces termes : *en fait de meubles possession vaut titre*. Cette règle a été reproduite mot pour mot dans l'art. 2279, C. N.

Mais à quelles conditions est subordonnée l'application de cette règle ? L'art. 2272 n'en indique aucune autre que la possession. Mais l'art. 1141 doit nous servir à compléter l'art. 2279, et nous trouverons, dans le premier, ce que le second a laissé sous-entendu.

La première condition, c'est une possession réelle de la chose. Le constitut possessoire ne suffirait pas.

En second lieu, il faut que le possesseur ait juste titre et bonne foi, en d'autres termes, réunisse les mêmes conditions que celles exigées pour la prescription des immeubles par dix ou vingt ans.

On peut donner de l'art. 2279 les deux raisons suivantes : la circulation des meubles est très-rapide, leur transmission ne se constate presque jamais par écrit ; la sécurité du commerce demande qu'on n'expose pas l'acquéreur à une revendication contre laquelle il ne pouvait se prémunir. Ensuite, on ne pouvait balancer un instant entre le propriétaire imprudent, qui a placé sa confiance dans un individu qui l'a trompé, et le tiers irréprochable.

L'art. 2279 s'applique non-seulement à la propriété, mais encore à ses démembrements, l'usufruit, l'usage. J'ai acheté *a non domino* l'usufruit d'un meuble, ma possession de bonne foi vaut usufruit contre le propriétaire.

La prescription de l'art. 2279 ne s'applique qu'aux meubles individuels. Les universalités de meubles ne sont soumises qu'à la prescription trentenaire.

Les meubles incorporels ne sont pas non plus soumis à la règle de notre article. Ainsi, une créance vendue *a non domino*, à un acheteur de bonne foi, reste la propriété du véritable créancier. En effet, les motifs qui ont fait admettre la prescription dont il s'agit, ne se rencontrent pas ici.

Nous ferons toutefois une exception pour les

titres au porteur et les billets de banque, le cessionnaire n'ayant aucun moyen de s'assurer de l'iden-
tité du créancier.

Après avoir posé le principe de l'acquisition des
meubles par une prescription instantanée, la loi y
fait deux exceptions. La règle de l'art. 2279-1° ne
protége pas l'acquéreur de bonne foi d'un meuble
perdu ou volé. Ces deux exceptions s'expliquent par
cette idée, qu'on ne peut reprocher au propriétaire,
dont la chose a été perdue ou volée, la même négli-
gence qu'à celui qui a imprudemment placé sa confiance dans une personne qui en a abusé.

Le meuble perdu ou volé ne sera acquis au possesseur de bonne foi qu'après trois ans écoulés à
partir du jour de la perte ou du vol (art. 2279 2°).

L'exception, qui permet de revendiquer pendant
trois ans les meubles perdus ou volés, reçoit elle-
même une exception dans l'art. 2280. Cet article
suppose que le possesseur actuel a acheté la chose
perdue ou volée, dans une foire, ou dans un mar-
ché, ou dans une vente publique, ou d'un marchand
vendant des choses pareilles. Le propriétaire ne
pourra alors exercer la revendication qu'en rem-
boursant au possesseur le prix que la chose lui a
coûté ; mais il a, bien entendu, l'action en dom-
mages-intérêts contre celui qui a volé la chose,
ou qui l'a trouvée sans la déclarer.

Ce tempérament, apporté à la règle par l'art. 2280, a sa raison d'être dans cette considération que la bonne foi du possesseur est si palpable, son erreur si excusable, qu'on ne saurait sans injustice lui refuser le remboursement de la somme qu'il a dépensée pour l'acquisition de la chose.

POSITIONS.

DROIT ROMAIN.

I. — La possession est une condition nécessaire pour intenter la Publicienne.

II. — Pour réussir dans la Publicienne, il n'est pas nécessaire d'être de bonne foi au moment où on l'intente.

III. — La Publicienne compète aussi bien à celui qui a la chose *in bonis* qu'à celui qui en a la *bonæ fidei possessio*.

IV. — Le possesseur *pro emptore* n'a la Publicienne qu'autant qu'il a payé ou satisfait le vendeur, à moins que celui-ci n'ait suivi sa foi.

V. — Le propriétaire lui-même peut intenter la Publicienne.

VI — La bonne foi et la juste cause sont distinctes l'une de l'autre.

VII. — La Publicienne peut être dirigée contre le véritable propriétaire.

VIII. — L'usucapion du demandeur qui a obtenu gain de cause dans une action *in rem*, et auquel la chose a été livrée, ne procède pas *ex causa judicati*.

DROIT FRANÇAIS.

I. — L'art. 2225, en ce qui concerne les créanciers de celui qui renonce à la prescription, n'est qu'une application pure et simple du droit commun.

II. — La possession, que la loi reconnaît et protège, est-elle un fait ou un droit ? — Elle est un droit.

III. — En ce qui touche à la possession, à l'effet de prescrire, la violence est un vice relatif en ce sens que le propriétaire ne peut agir contre le possesseur de bonne foi, quoique la violence d'un tiers ait mis obstacle à l'exercice de son action.

IV. — Le vice de précarité est un vice absolu.

V. — La possession publique, à son origine, qui devient ensuite clandestine, est-elle une possession utile pour prescrire ? — Non, en principe.

VI. — Le vendeur qui ne livre pas la chose vendue, le donateur qui conserve la possession de la chose donnée, ne sont pas détenteurs précaires.

VII. — Le caractère de non équivoque, que l'art. 2229 requiert dans la possession, a pour but principal de modifier les présomptions des art. 2230 et 2234.

VIII. — Celui qui, après avoir été dépossédé pendant plus d'une année, rentre en possession en vertu d'un jugement rendu au pétitoire, peut-il joindre à sa possession celle de son adversaire ? — Oui.

IX. — La prescription acquisitive s'applique-t-elle aux créances et aux rentes ? — Non.

X. — Les servitudes qui sont à la fois continues et apparentes, peuvent-elles s'acquérir par la prescription décennale ? — Non.

XI. — Le Code Napoléon admet-il au bénéfice de la prescription décennale le possesseur qui ne peut invoquer en sa faveur qu'un juste titre putatif? — Non, il exige un juste titre réel.

XII. — La prescription privilégiée de l'art. 2265 est-elle applicable aux servitudes discontinues ou non apparentes exercées en vertu d'un titre émané *a non domino* ? — Non.

XIII. — La prescription décennale, en même temps qu'elle est acquisitive des immeubles, est aussi extinctive des charges qui peuvent grever ces immeubles.

XIV. — L'art. 2270, en ce qui concerne les diverses conditions nécessaires pour invoquer la règle : en fait de meubles, possession vaut titre, doit être complété par la disposition de l'art. 1141.

Paris. — Imp. Noquet, rue des Fossés-S.-Jacques, 11.

Paris. — Imprimerie MOQUET, r. des Fossés-St-Jacques, 11

9 782016 156896